Et la tanière devint le village

Histoire de la base de sous-marins
de Lorient-Kéroman
(1940-1997)

Lorient le 12 Decembre 2001 –
Amitiés de Jacqueline et Roger
a des amis allemand qui j'espere ne nous
oublierons pas car nous ont les aime bien
Jacqueline Robert
3me mg Stoss tropfs Lorient

Louis BOURGUET-MAURICE
Josyane GRAND COLAS

Et la tanière devint le village

Histoire de la base de sous-marins
de Lorient-Kéroman
(1940-1997)

Editions du Quantième

Remerciements

Les auteurs tiennent à remercier pour l'aide précieuse qu'ils leur ont apportée, le contre-amiral (2s) Jean-Pierre Nourry, MM. Rousselot, Jean-Philippe Blieck et les anciens sous-mariniers qui ont souhaité garder l'anonymat, le pacha et l'équipage de la *Junon* qui pris la mer le 3 juin 1996, pour les essais au sortir de sa dernière indisponibilité pour entretien,

MM. Montfort, Le Faouder et Auffret de DCN Lorient.

Le vice-amiral (2s) de la Bundesmarine, Horst von Schroeter et M. Reinhard Hardegen tous deux anciens commandants de U 123,

MM. François Stosskopf et Jacques Meyssembourg, fils et gendre de Jacques Stosskopf.

© Les Éditions du Quantième

L'héroïsme, c'est la bonne volonté de sombrer soi-même.

Frédéric Nietzsche

Préface

Quand Louis Bourguet m'a parlé de son intention d'écrire l'histoire de la base de sous-marins de Kéroman, j'ai tout de suite été séduit par son projet, d'autant que cet ensemble imposant, ayant abrité et entretenu nombre de sous-marins pendant des années, venait d'être fermé.

Construite en un temps record, la base des sous-marins de Lorient a joué un rôle capital dans la bataille de l'Atlantique, assurant la maintenance, l'approvisionnement et l'armement de plus d'une centaine de sous-marins, en dépit de bombardements intensifs, dont la ville de Lorient aura été la malheureuse victime.

Les hostilités terminées, la base a abrité et entretenu pendant un demi-siècle une des deux escadrilles de sous-marins de la marine française.

Ayant personnellement découvert pour la première fois la base en 1962, j'ai eu la chance d'y être affecté plusieurs fois et aussi l'insigne d'honneur de la commander. Au cours de ces années, j'ai pu pleinement apprécier les transformations successives qui ont su en faire un ensemble moderne, efficace et où, de plus, il faisait bon vivre.

Il est certes difficile, dans un ouvrage forcément limité, de raconter en détail la vie quotidienne à Kéroman, et seuls les anciens sous-mariniers se souviendront de l'odeur agressive de la porcherie, quasi accolée au bloc alimentaire, de l'enthousiasme plus que passionné lors de la coupe de football âprement disputée entre l'équipe des sous-marins et la presqu'invincible « Equipe Réparation », ou bien encore l'élection – ô combien contestée ! – de miss « sous-marin »...

Après la lecture de cet ouvrage, il restera la nostalgie que la disparition d'un ensemble cohérent, d'un formidable potentiel humain et industriel aura fait naître.

Quel sera désormais l'avenir de Kéroman ? Les anciens sous-mariniers qui y ont effectué une partie de leur carrière souhaitent y voir créer un musée des sous-marins. Pour que ce projet aboutisse, l'appui des différentes instances locales et régionales apparaît impératif : c'est à elles que je lance cet appel pour que puisse perdurer, à Kéroman, l'esprit sous-marinier !

Jean-Pierre NOURRY
Contre-Amiral (2S)

Avant-propos

Toute guerre a pour but de conquérir un espace géographique ou des populations en mettant hors de combat l'adversaire le plus rapidement possible et par tous les moyens. Parmi ces moyens existe celui qui consiste à détruire les centres vitaux de l'ennemi, annihiler ses propres moyens en coupant son ravitaillement. L'encercler pour l'affamer et le priver du matériel de guerre est l'un des principes les plus anciens et jusqu'à présent aucune guerre n'y a échappé.

Les actes chevaleresques destinés à donner un caractère civilisé aux guerres n'ont servi qu'à masquer les horreurs perpétrées dans ces courses effrénées dont le but est de frapper fort au bon moment.

En vertu de ces principes guerriers, pour les besoins d'une guerre sans quartier, Lorient est entré dans l'histoire parce qu'un amiral, Karl Dönitz, appliquait à la lettre les stratégies écrites par Clausewitz.

Pour que les U Boote de la Kriegsmarine soient plus rapidement opérationnels dans l'Atlantique il décida, dès 1940 de les baser dans les ports français et notamment dans celui de Lorient. Là, sur une petite presqu'île appelée Kéroman, avec Fritz Todt puis avec Albert Speer, il fit édifier, en trois gigantesques blocs de béton et une bonne demi-douzaine de bunkers la plus grande base de sous-marins. C'est, par sa dimension, la plus importante construction du IIIe Reich.

Cette base valut à Lorient d'être l'un des derniers bastions allemands à capituler, le 10 mai 1945.

La paix revenue en Europe, Kéroman cessa d'être la tanière des « loups gris » de Dönitz pour se transformer en un « village » abritant les sous-marins de l'escadrille de l'Atlantique.

Toutes ses activités ont cessé en 1997.

Cependant ces immenses blocs de béton sont empreints d'une histoire dont un grand nombre d'acteurs sont encore vivants. Ce sont ces hommes qui ont fait cette histoire, à quelque camp qu'ils aient appartenu. On ne peut donc raconter l'histoire de la base de Kéroman sans raconter celle des hommes.

U30, le premier « loup gris »

Le soleil est encore haut en cette fin d'après-midi du 7 juillet 1940 quand le U30 entre dans les eaux calmes de la rade de Lorient. L'équipage monte sur le pont du bateau d'un pas encore mal assuré pour s'aligner comme à la parade. C'est à peine si les matelots, les officiers-mariniers ont le temps d'admirer, à tribord, la citadelle massive de Port-Louis et, à bâbord, le clocher de l'église Notre Dame qui domine le village de Larmor. La proue du bateau pointe sur l'île Saint-Michel.

En quelques minutes le U30 est à la hauteur de l'anse de Kernével et du port de pêche désert à cette heure de la journée. Les sous-mariniers, revêtus de leur veste de cuir gris, voient passer devant eux le quai du port de commerce puis à nouveau une immense vasière. Ils découvrent l'avant-port et entrent dans l'arsenal où retentissent les premières notes du *Deutchland uber alles*. Sur le quai, la musique militaire est encadrée par des hommes de la Wehrmacht et de la Kriegsmarine et par des

Juillet et août 1940, les premiers U Boote de la 2ᵉ Flottille arrivent à Lorient, nouvelle base de cette meute de « loups gris ».

civils venus assister à l'entrée dans Lorient du premier de ces fameux « loups gris ».

Le U30 est parti de Dantzig trois semaines auparavant. Il a quitté la Baltique sous une pluie battante et navigué dans l'Atlantique pour accomplir sa mission. Une chasse assez courte mais plutôt fructueuse. Sans être inquiété il a coulé trois cargos soit près de trente mille tonnes envoyées par le fond. Le commandant, Fritz-Julius Lemp, et l'équipage ont

Alignés sur le pont, les hommes d'équipage du U 58 de Schonder découvrent la rade de Lorient et l'arsenal du Scorff.

été heureux de recevoir le message leur annonçant qu'ils iraient ravitailler à Lorient et non à Brême, à Wilhelmshafen ou à Lübeck comme prévu à leur départ.

Depuis que le U30 a appareillé pour sa patrouille il y a eu du changement. En signant l'armistice, la France a déposé les armes. L'amiral Karl Dönitz, « le lion » comme l'appellent affectueusement les sous-mariniers, a décidé d'utiliser les ports français de l'Atlantique pour servir de base aux U Boote. La Baltique est trop éloignée de la bataille qui s'engage depuis peu sur l'océan et la guerre est avant tout une course avec le temps. Il vaut mieux, selon un des principes de Clausewitz, être fort au bon endroit et au bon moment.

Dans la pagaille de la débâcle, les troupes françaises ont laissé en bon état les installations de Brest et surtout celles de Lorient. La Kriegsmarine y a trouvé un port militaire, un arsenal et du personnel qualifié prêts à l'emploi. Du clé en main en quelque sorte.

Les fumées noires et épaisses du sabotage du dépôt de carburants du Cosquer se sont dissipées depuis quelques jours et la ville, installations militaires comprises, n'a pas eu à souffrir de destructions dues à des combats.

Le baroud d'honneur livré aux cinq chemins de Guidel sur ordre de l'amiral Penfentenyo est encore dans les mémoires mais il n'a pas empêché les Allemands d'entrer dans la ville et de s'emparer des installations vidées des bâtiments qui ont réussi à prendre la mer à temps. Seul reste, amarré le long du quai, l'*Isère*, un bateau de transport sur le pont duquel ont pris place les musiciens.

Derrière sur le quai du Péristyle, les militaires allemands et les curieux venus voir ce sous-marin dont l'arrivée a été annoncée publiquement. Dans cette foule se mêlent encore, mais pas pour longtemps, ceux qui acceptent la défaite comme une fatalité, ceux qui espèrent qu'une bonne négociation vaut mieux qu'une guerre perdue, ceux qui rêvent d'un ordre nouveau européen sous la conduite d'un Reich puissant et millénaire et ceux qui déjà, qu'ils aient entendu ou non l'appel du général de Gaulle, observent en ennemis ces hommes alignés sur le pont du U30.

Ces hommes sont tout le contraire des vieux loups de mer. Ils sont jeunes. La barbe de trois semaines et les larges cernes sous leurs yeux rougis les vieillissent à peine. Certains ont tout juste vingt ans et ne sont aguerris que par cette première patrouille au sortir des cinq mois de formation intensive à Flensburg. Leur premier tableau de chasse achève de les convaincre qu'ils sont dans le camp des vainqueurs et que l'Atlantique est le champ de bataille sur lequel ils accompliront des exploits, connaîtront la gloire et gagneront leurs décorations. Les civils alignés sur le quai sont dans le camp des vaincus. Pourtant parmi eux, la tête droite mais les yeux mobiles, ils cherchent ces femmes qui leur feront vivre pendant quelques heures d'autres angoisses que celles qu'ils connaissent au combat. Ils aperçoivent des chevilles et la naissance des mollets vite masqués par les longues et légères robes d'été qui font affluer le sang aux tempes et étourdissent à chaque battement de cœur, presque au même rythme que celui de l'écho sonore de l'Asdic du destroyer

Les manœuvres d'accostage deviennent vite routinières ainsi que le cérémonial d'accueil. Comme ici pour le U 100 de Schepcke qui rentre d'une chasse fructueuse.

qui les a pris en chasse pendant quelques heures et les a grenadés, au juger, sans leur causer le moindre dommage.

Tandis que Fritz-Julius Lemp, descendu du massif, se prépare à franchir la coupée qui mène sur le pont de l'*Isère*, ils cherchent à croiser ce regard de la femme qui saura dire « non » juste le temps qu'il faut, alors qu'elle se sent déjà conquise par ces guerriers encore étreints par l'amour de leur mère ou obsédés par la première fiancée, laissée toute tremblante et sanglotant sur le quai d'une gare à Berlin, à Francfort sur le Main ou sur le bord d'une route qui traverse un village de Saxe ou de Silésie.

Il faut faire vite pour se débarrasser de cette odeur tenace de mazout, d'huile, de sueur et de moisi mélangés et accumulée en trois semaines dans ce long cigare d'acier.

Il faut faire vite parce que le U30 n'est à Lorient que pour

ET LA TANIÈRE DEVINT LE VILLAGE

14

ravitailler et pour la réparation de quelques légères avaries. Deux jours de travail au plus, réalisé par une partie de l'équipage, les techniciens de la Kriegsmarine et quelques ouvriers civils français.

Puis le U30 appareillera pour rejoindre, dans le secteur de la « grille » qui découpe l'immense océan et que l'état-major lui aura communiqué, les autres « loups gris » qui attendent, en meute, de croiser la route de quelques cargos lourdement chargés de carburant, de munitions ou de vivres.

Comme le chasseur à l'affût ils vibreront aux ordres donnés par le commandant ou par son second. Ils entendront avec la même excitation ces phrases fatidiques tant de fois répétées et qui scellent le destin d'un navire et de son équipage : « Tube 1 et 3 parés ! » puis suivi de quelques secondes, l'ordre : « Torpedo...Los ! ».

Ils attendront moins d'une minute pour que le vacarme de l'explosion puis l'onde de

Et dans les courreaux de Groix où ils naviguent encore en surface, les bateaux se croisent et les équipages s'encouragent.

Malgré la saturation de l'arsenal, les U Boote continuent d'arriver.

choc n'atteignent leur bateau prêt à plonger. Ils auront, brièvement parce qu'à ce moment-là le temps presse, une pensée attristée pour ce cargo ou pour ce pétrolier qui sombre en gémissant, agonisant comme une bête frappée à mort et pour ces hommes qui se jettent à la mer, s'agrippent à des canots de sauvetage et tentent de s'éloigner au plus vite du siphon qui engloutit tout ce qui tente encore de flotter.

Dans les bassins de radoub de l'arsenal, les U Boote sont mis à sec pour les travaux d'entretien.
Mais, bien vite, ces installations se révèlent insuffisantes et mal protégées des raids aériens, encore peu nombreux certes, qu'effectue la RAF.

Tout cela parce que l'Angleterre continue de résister avec entêtement, avec une admirable énergie du désespoir et malgré des offres de paix que Hitler fait passer par le canal de quelques ambassades et qu'elle juge inacceptables.

En franchissant la coupée, les hommes d'équipage du U30 qui sont autorisés à aller à terre ont autre chose en tête. Ils sont trop jeunes et trop absorbés par leurs patrouilles pour se préoccuper de la politique ou de la diplomatie. Volontaires pour les U Boote de Dönitz ils sont là pour faire la guerre. Et à la guerre mieux vaut-il éviter de penser au lendemain.

Le moment présent c'est la découverte de Lorient pour ceux qui le peuvent. Ils ont quelques Reichmarks en poche pour aller en ville traîner leur langueur dans la rue Noire, là où le vin, même s'il n'est pas bon, éloigne les peurs et où les filles savent tarifer leurs charmes et leur tendresse. Elles sont mères quand elles passent, en large peigne, leurs doigts dans ces épaisses tignasses encore humides de la douche prise une heure avant. Elles sont à la fois amantes expertes quand elles savent donner et recevoir les étreintes et amantes innocentes quand il s'agit de feindre, comme si c'était toujours la première fois, la découverte de l'extraordinaire puissance de l'amour.

Pour d'autres le moment présent c'est le plaisir d'évoquer déjà les faits glorieux d'as des U Boote comme celui de l'audacieux Günther Prien qui, avec le U 47, trompant la vigilance des Anglais, s'est introduit dans le sanctuaire de la Home Fleet, à Scapa Flow, et y a lancé une gerbe de quatre torpilles pour couler le *Royal Oak*. L'exploit a été d'en sortir. Pour cela il a fallu donner toute la puissance des deux diesels pour lutter contre un courant qui renvoyait sans cesse le bateau dans la souricière.

On dit que le héros pourrait venir lui aussi à Lorient. Il rode encore sur l'océan mais il va devoir ravitailler. Ce serait une chance de le rencontrer, ce loup parmi d'autres.

Ces noms de fauves les flattent. L'amiral c'est le « lion ». Physiquement il n'a rien qui puisse évoquer le roi des animaux. Ses oreilles décollées semblent retenir une casquette qui parait toujours trop grande pour ce visage petit, arrondi, dont les joues creuses font saillir les pommettes. Sa longue silhouette, fine comme un roseau, témoigne de son ascétisme et sa table a la plus mauvaise réputation de la Kriegsmarine. Tout est dans son regard et dans son caractère tenace. Dönitz est au combat en permanence. Par la pensée, cet ancien sous-marinier de la Grande Guerre, est avec ses meutes qui affrontent tous les périls de l'océan et des combats. A terre, loin de ses hommes pour lesquels il nourrit une affection sans bornes, il lutte contre la paperasserie du Reich, contre l'ineffable Gœring, mythomane prétentieux, paranoïaque, vénal courtisan et morphinomane, qui a décrété une fois pour toutes que tout ce qui vole lui appartient.

Or Dönitz, en plus des U Boote qu'il réclame depuis plus de deux ans, sollicite la création d'une puissante flotte aéronavale qui puisse épauler ses « chers loups gris ».

Il se heurte aussi à l'obstination du Grossamiral Erich Raeder, commandant de la

Le U 130 de Kaltz vient de trouver une place dans l'arsenal.

Kriegsmarine et flatteur invétéré du Führer. Deux conceptions, deux stratégies s'opposent à propos de la guerre qui va s'amplifiant dans l'Atlantique.

Raeder n'a pas la fibre sous-marine. Pour lui la bataille se gagnera en surface avec des bâtiments de plus en plus lourd, de plus en plus prestigieux et de plus en plus puissamment armés. Avec les cuirassés, *Scharnhorst* et *Gneisenau*, les trois cuirassés de poche, *Deutchland*, *Scheer* et *Graf von Spee*, le croiseur lourd *Hipper*, six croiseurs légers, une vingtaine de contre-torpilleurs et une douzaine de vedettes lance-torpilles, Raeder a promis, au début de la guerre, qu'il pourrait neutraliser la puissante *Home Fleet*. Pourtant durant l'automne 1939, les trois premiers mois de ce que l'on appelle la « drôle de guerre », les succès viennent des U Boote. Quelque part à l'ouest de l'Irlande, le 17 septembre, le commandant Schuhart avec le U 29 a envoyé par le fond le porte-avions *Courageous*. Prien a accompli son exploit dans Scapa Flow le 14 octobre et la majeure partie des 746 000 tonnes de navires de commerce coulées au 31 décembre est l'œuvre des U Boote.

La flotte de surface a reçu le renfort d'un croiseur lourd avec la mise en service du *Blücher*. Mais elle vient d'enregistrer un grave revers avec la disparition, le 17 décembre, dans le Rio de la Plata, du

Un arsenal dont les postes de mouillage sont également occupés par les navires de transport de matériel et de ravitaillement en pièces détachées et en carburant.

Graf von Spee. Au terme d'une lutte sans merci, le cuirassé de poche, contraint de quitter le port de Montevideo dans lequel il s'était réfugié, dans l'incapacité de reprendre le combat contre les navires anglais qui l'attendent à l'embouchure du fleuve, n'a eu d'autre issue que de se saborder.

En ce mois de juillet 1940, Raeder attend la toute proche entrée en service du croiseur lourd *Prinz Eugen* ainsi que celle du *Bismark*. Le *Tirpitz* est en chantier et le *Lützow*, bien qu'inachevé, vient d'être cédé à l'allié soviétique. Redoutant la force symbolique qu'aurait pour le *Deutschland* le même sort que celui du *Graf von Spee*, Hitler saisit l'occasion pour le débaptiser et lui donner le nom de *Lützow*.

Raeder se dit fin prêt pour l'opération « Otarie », nom de code de l'invasion de l'Angleterre par un débarquement. Il n'attend plus que le moment où la Luftwaffe aura achevé d'accomplir sa mission de destruction de la Royal Air Force pour que l'opération soit déclenchée.

Hitler aime le langage que lui tient Raeder. Il aime aussi tout l'apparat qui entoure ces majestueux navires aux lignes pures et puissantes. Il aime les équipages parfaitement alignés, dans leurs uniformes impeccables, sur le pont depuis la proue jusqu'à la poupe, lors des parades imposantes, sous grand pavois, en mer Baltique. Mais encore faut-il pouvoir sortir de la Baltique.

Il a une confiance aveugle dans la Luftwaffe de son fidèle ami Gœring pour s'assurer la maîtrise des airs. Il se plaît à répéter : « *Mein Heer ist Preussisch, meine Marine Kaiserlisch und meine Luftwaffe National-Socialistisch !* »[1]. Il ne doute pas que cette puissante flotte aérienne mettra Churchill dans la situation

Le U 107 à couple avec un caboteur sensé le protéger d'une éventuelle attaque aérienne.

d'accepter une paix ou de subir une invasion.

Dönitz voit les choses différemment. Il estime, avec réalisme que la Kriegsmarine n'atteindra jamais le niveau de la Royal Navy. Les Anglais ont à la mer sept porte-avions, douze cuirassés, trois croiseurs de bataille, deux ravitailleurs d'hydravions, quinze croiseurs lourds, quarante-cinq croiseurs légers, cent quatre-vingt-quatre contre-torpilleurs, cinquante-huit sous-marins et vingt-sept vedettes lance-torpilles.

Il sait aussi apprécier l'extraordinaire valeur des équipages, leur bravoure, leur compétence et leur combativité.

Il estime en revanche et défend ardemment cette théorie qu'il veut mettre en pratique, que la bataille se gagnera en coulant plus de navires que les Anglais ne peuvent en construire, en coupant ainsi leur ravitaillement et donc en les asphyxiant. Que l'invasion de l'Angleterre ait lieu ou pas. Et la seule arme efficace pour couler ces navires c'est le U Boot. Sur le papier il dispose de cent cinquante-neuf U Boote côtiers ou de haute mer dont un tiers à peine est opérationnel dans l'Atlantique.

Hitler ressent une certaine tendresse pour cet amiral qu'il juge loyal, franc, honnête et dévoué à l'Allemagne, donc à lui.

En 1938, quand Dönitz demandait à disposer de trois cents sous-marins opérationnels, Hitler montrait souvent son agacement. Un an plus tard quand la guerre commence, Dönitz ne peut envoyer à la mer qu'une cinquantaine de sous-marins avec à leur bord quelques vétérans de la Grande Guerre et de jeunes recrues, y compris les officiers, formées en cinq mois à Flensburg. En 1940 il n'en a guère plus d'une soixantaine.

Aux retours de croisière, des hommes prennent du galon. A bord de l'U 48, on attend pas d'être à quai pour rectifier les épaulettes.

Pourtant leur tableau de chasse, les exploits de Prien et de Schuhart, impressionnent favorablement le Führer qui décide enfin, passant outre les obstructions de Gœring, de fournir quelques Ke 115 pour augmenter les capacités d'une aéronavale embryonnaire. C'est peu mais c'est toujours ça de pris jusqu'au moment où Gœring, vexé, outragé, parvient à faire main basse sur ces appareils. Hitler a également donné son accord pour accélérer la construction de sous-marins de types VII et IX. Mais là aussi Dönitz n'est qu'à moitié satisfait parce que les chantiers navals manquent d'acier pour les U Boote. Si bien qu'en cet été 1940 les flottilles disposent d'équipages parfaitement formés qui restent à terre faute d'embarquement.

Ces équipages se sentent frustrés de ne pas pouvoir partager avec leurs camarades les pages de gloire qui s'écrivent dans l'Atlantique. Ils admettent, parce qu'ils se considèrent comme une élite, d'être des marginaux de la Kriegsmarine mais ils n'acceptent pas d'être marginalisés par leur exclusion du champ de bataille. Cette situation est préjudiciable au moral.

Or deux batailles, grandes par leur violence et par leur durée, commencent, l'une dans les airs, c'est la bataille d'Angleterre et l'autre sur mer, c'est la bataille de l'Atlantique. Et ils n'en sont pas les acteurs.

Pire encore. Ne sachant à quels bateaux les affecter, l'état-major de la Kriegsmarine les promène de Kœnigsberg à Dantzig puis à Bergen en Norvège avant de les rappeler à Lübeck, à Brême ou à Wilhelmshafen.

Ceux qui, comme l'équipage du U30, font une escale technique à Lorient entre deux patrouilles ont de la chance puisqu'il leur est donné de connaître l'exaltation des combats et qu'ils disposent de bons bateaux.

Pourtant, en 1940, un U Boot n'est pas un véritable sous-marin. Il n'est qu'un bateau submersible. En effet, n'étant pas équipé du Schnorchel qui reste à inventer, il navigue, aux moteurs diesels, en surface. Il s'avance à l'immersion périscopique à l'affût de sa proie, lâche ses torpilles en surface et plonge ensuite pour échapper à la poursuite des destroyers, des contre-torpilleurs et des escorteurs qui tentent de le détecter avec l'Asdic et de les détruire à coups de grenades sous-marines. Si les grenades ne sont pas assez puissantes pour crever la coque du bateau leurs effets de souffle poussent à chaque fois le U Boot un peu plus vers le fond.

Pendant cette traque le sous-marin ne peut utiliser que les moteurs électriques qui ont l'avantage d'être silencieux et surtout celui de ne pas consommer d'air. Les avaries provoquées par l'explosion des grenades mettent rarement le bateau et son équipage en péril. Il suffit pourtant qu'avec les chocs les batteries déversent, que l'acide se répande dégageant ainsi les vapeurs de chlore qui le contraignent à faire surface.

Le *bip* de l'écho sonore de l'Asdic sur la coque, régulier, lancinant, les explosions des grenades et les chocs qui s'en suivent et bousculent le submersible sont des épreuves redoutables pour les nerfs des équipages même les plus aguerris. A bord c'est le silence total. La tension est telle que les ordres sont donnés à mi-voix. Les hommes au repos sont sur leur couchette, les yeux fixés sur les manœuvres des hommes de quart qui tiennent leur vie entre leurs mains et l'oreille tendue pour capter les ordres du commandant ou le bruit d'hélice qui se rapproche ou s'éloigne. Ils fixent le manomètre qui indique la profondeur d'immersion en ayant toujours l'impression de n'être jamais descendu aussi bas et en se demandant si la coque va tenir et pendant combien de temps ils auront suffisamment d'air pour respirer.

Et puis au bout de trente-six heures passées à 220 mètres de profondeur, quand plus aucun bruit d'hélices ne se fait entendre, tout doucement le sous-marin remonte et commence alors la sensation de soulagement. A l'immersion périscopique le commandant découvre que l'océan est

Le U 99 d'Otto Kretschmer et le U 47 de Günther Prien dans le port de Lorient.

Sur le Scorff, la Kriegsmarine a fait construire deux bunkers pour protéger les U Boote mais déjà les deux alvéoles, deux bassins de radoub, s'avèrent insuffisants.

désert. Il ordonne de faire surface, puis il monte ouvrir le panneau du massif et c'est la ruée pour capter à pleins poumons l'air pur qui s'engouffre dans le bateau, qui saoule, fait tituber et provoque d'insupportables malaises.

Trente-six heures de grenadage à 220 mètres d'immersion. D'autres tiendront plus longtemps et plus profond mais nul ne saura jamais à partir de quel moment l'équipage meurt par asphyxie ou à quelle profondeur la coque est broyée par la pression de l'eau. Ceux qui ont atteint ces limites ne sont jamais remontés pour le dire.

Parvenu en surface, il faut mettre en route les diesels, à plein régime pour sortir de la zone où le danger peut revenir à tout instant. Pour recharger les batteries quatre heures au moins sont nécessaires, pendant lesquelles toute plongée en catastrophe devient périlleuse. Il faut couper à temps les diesels et en assiette moins 30, descendre à 80 mètres pour remonter ensuite, une fois le danger passé, refaire surface, mettre à nouveau en route les diesels pour recharger les batteries. Un rythme usant pour les hommes et pour les chemises des pistons des machines.

Car les adversaires des « loups gris » ne sont pas des « agneaux ». Les Anglais savent que le ravitaillement qui traverse l'Atlantique est vital pour eux et pour la poursuite de la guerre. Plus de 700 000 tonnes de navires marchands auxquels il faut ajouter les navires de guerre ont été envoyés par le fond depuis 1939 autant par les bâtiments de surface que par les U Boote de la Kriegsmarine, par la Luftwaffe et par les mines magnétiques. Sans riposte efficace, l'Angleterre est menacée de famine, la viande est déjà rationnée, et surtout elle risque de devoir cesser les hostilités faute de carburant, de munitions et de matières premières pour fabriquer ses armes, ses avions et ses vaisseaux indispensables à la maîtrise des mers et des airs.

Pour lutter contre les incursions aériennes encore sporadiques en juillet 1940 mais annonciatrices de la féroce bataille d'Angleterre déclenchée le 13 août, la Royal Air Force dispose d'un excellent chasseur le *Spitfire* et d'une défense contre avions, DCA, redoutable.

Pour assurer la sécurité des convois qui ravitaillent l'Angleterre, un autre « lion », britannique celui-là, Winston Churchill, met en œuvre tous les moyens dont il dispose. L'aviation du *British Coastal Command* mais aussi et surtout les destroyers et les contre-torpilleurs équipés du fameux Asdic, un appareil de repérage à écho sonore et des grenades anti sous-marines.

Exception faite de leur marine de guerre, les Anglais sont inférieurs en nombre et en matériel. Ils ont en revanche du courage à revendre et partagent sans la moindre réserve la ferme et puissante détermination de leur premier ministre, Winston Churchill.

A l'arrogante hardiesse de leurs ennemis conquérants, ils opposent la farouche vaillance de ceux qui défendent leur sol.

Tandis que Dönitz prône dans un quasi isolement sa stratégie d'étouffement de l'Angleterre, les responsables poli-

Karl Dönitz, le BDU, est là. Présent pour le moral de ses « fils » et pour organiser la base de Lorient. Déjà, il pense à cette presqu'île de Kéroman. Au port de pêche les Allemands y ont trouvé un slipway en parfait état de marche.

Et la tanière devint le village

tiques et les militaires britanniques sont parfaitement et constamment d'accord sur les priorités et sur la manière de conduire cette guerre.

Ce qui fait dire par Dönitz à Günther Prien, après un entretien orageux avec Hitler, Gœring, Gœbbels, Keitel et Raeder, que les pires difficultés à vaincre dans une guerre ne sont pas toujours où l'on croit.

Au cours de l'été de 1940, les Anglais infligent déjà de sérieux revers à la Luftwaffe et à la Kriegsmarine. Le *Belfehlshaber der U Boote*[(2)], contre-amiral depuis quelques mois, Karl Dönitz déplore la perte de dix-huit sous-marins. A la douleur sincère de voir disparaître ces hommes qu'il aime tant s'ajoute l'amertume de devoir attendre le remplacement des bateaux et d'être dans l'impossibilité d'appliquer sa tactique des attaques en meute. Pire encore, la technique des torpilles magnétiques s'est révélée défectueuse. Schepke, le commandant du U 100, a fait une dépression nerveuse quand il a appris qu'à bord du *Nelson*, atteint par trois torpilles qui n'ont pas explosé, se trouvait Winston Churchill. Ces incidents de tir proviennent du défaut de la tenue d'immersion des torpilles qui naviguant trop profond passaient sous le but, sans pouvoir déclencher la mise à feu magnétique.

Angelbert Endrass qui commande le U 46 est un des commandants de U Boot qui font la fierté de Dönitz.

En même temps que tourne la noria des « loups gris », les transports apportent toujours de plus en plus de matériel.

Lorient devient la base des as des U Boote.
Günther Prien, Joachim Schepcke, Otto Kretschmer y feront quelques escales avant leur dernier départ.
Kretschmer sera fait prisonnier mais comme bien d'autres Prien et Schepcke périront en mer.

Otto Schuart (à droite) et Georg Lassen, l'officier de quart du U 29, font le compte rendu de leur chasse.

Schonder, le commandant du U 58, a encore l'enthousiasme arrogant des premiers mois de la bataille de l'Atlantique.

La tanière de Kéroman

Quelques jours seulement après la signature de l'armistice entre la France et l'Allemagne, le 23 juin 1940, Karl Dönitz a fait une rapide inspection des côtes françaises de l'Atlantique. Il a décidé d'utiliser les ports de Brest, de Lorient, de Saint-Nazaire et de La Pallice. A Bordeaux arrivent les sous-marins italiens de la BETASOM de l'amiral Paronna.

Ainsi se met en place le dispositif de la plus longue bataille de la IIe Guerre Mondiale. Elle va durer trente-cinq mois. Et Lorient, sans que ses habitants s'en doutent, est en

Et c'est un nouveau départ.

train de devenir le point névralgique de cette bataille.

A proprement parler elle n'en a pas la vocation. Certes sa rade est bien située géographiquement au nord du golfe de Gascogne. Bien avant Colbert, les Espagnols ont su tirer profit de cette situation en construisant une imposante citadelle à Port-Louis pour prévenir toute attaque d'où qu'elle vienne.

Colbert y a ensuite établi la première Compagnie des

Pour les besoins de la propagande de Goebbels, le U 58 participe à un exercice avec un chasseur de mines à la sortie de la rade de Lorient.

Indes Orientales et plus tard il y a créé un arsenal de la Marine Royale.

En octobre 1746, les Anglais débarquent sur la côte à Guidel et tentent de prendre Lorient par surprise. Ils échouent et quelques jours après lèvent un siège qu'ils jugent inutile. Ce départ des Anglais est célébré tous les ans comme la fête de la Victoire.

Après la Révolution, l'abolition des privilèges, la fin des Compagnies des Indes, Lorient vit au rythme d'une activité militaire orientée presque exclusivement vers la Marine Nationale. Fidèle à sa vocation dans la construction navale, Lorient est le berceau de nouvelles technologies appliquées à de nouveaux types de bateaux.

Quand commence le XXe siècle, un régiment d'artillerie coloniale y tient garnison au Polygone et à Frébault, et les avions de l'aéronautique navale naissante sont expérimentés à Lann Bihoué.

Entre temps il y a eu des changements géopolitiques. L'ennemi héréditaire n'est plus la « Perfide Albion » avec laquelle on célèbre désormais l'Entente Cordiale mais le Prussien et sa doctrine pangermanique. Qu'il soit sur le Rhin ou aux limites de la Champagne, il est loin de Lorient. Les guerres de 1870 et de 1914-1918 n'ont affecté la ville que par les deuils tragiques qui ont laissé des familles sans descendance, des veuves et des orphelins, des mutilés et des anciens combattants hantés par les cauchemars des effroyables boucheries qu'ils ont vécues.

Sans que l'on puisse parler d'une grande prospérité économique, la ville se développe régulièrement, notamment avec la pêche.

Aussi, le 21 juin 1940, les Lorientais sont-ils un peu étonnés de voir des Allemands entrer dans leur ville.

Ils avaient vu arriver des réfugiés et partir, en toute hâte, les personnels de la marine, les apprentis mécaniciens, des bateaux, même inachevés, quitter précipitamment leur mouillage mais ils n'imaginaient pas que les *boches* s'installeraient à deux pas du cours de la Bôve. La peur des premières heures a laissé place à la curiosité d'autant que les Allemands ne s'intéressent qu'aux installations militaires et pas du tout à la population.

Dönitz a décidé d'installer le 2ᵉ Flottille de U Boote à Lorient et le U 30 en est le précurseur. Dans les jours qui suivent trois autres bateaux de type VII, le U 34, le U 52 et le U 99 de Kretschmer arrivent à Lorient. Ils précèdent de peu un bateau de type IIC, le U 58.

Durant le mois d'août, trois sous-marins de type IX, le U 37, le U 65 et le U 123 de Karl-Heinz Moehle accostent dans l'arsenal.

A l'automne 1940, la Kriegsmarine a rapidement fait remettre en état les installations et plus particulièrement la dizaine de postes d'amarrage et les trois bassins de radoub.

Ces installations ne sont pourtant pas adaptées au rythme qu'impose la bataille de l'Atlantique.

Le ravitaillement, l'entretien et les réparations des avaries se font à découvert et les filets et les bâches de camouflage n'entretiennent qu'une illusoire protection vite dissipée avec le premier raid de la Royal Air Force, le 27 septembre 1940.

Quant au slipway du port de pêche il a ses limites techniques. Il ne peut hisser que des bateaux de type IIC et il est inopérant pour les types VII et IX trop longs et trop lourds.

Depuis le 29 août, après quelques jours passés à Paris, le BDU Karl Dönitz est installé au Kernével dans la villa qu'il a fait réquisitionner. Pour lui, le raid du 27 septembre, s'il n'a causé que des dégâts mineurs est un sérieux coup de semonce. Il obtient qu'à proximité du slipway soit construits deux bunkers, *Dom*, ainsi qu'un bunker de deux alvéoles dans l'arsenal. Pour ses « loups gris » il faut une tanière inviolable.

Le 25 octobre sont décidées les constructions de bases de sous-marins à Lorient et à La

Des fleurs pour le retour du U 130 de Kaltz. C'est la période pendant laquelle les Allemands se sentent encore en sécurité dans l'arsenal de Lorient.

Pallice pour fin 1941 et à Brest et à Saint-Nazaire pour 1942.

A Lorient, le site choisi est celui de la pointe de Kéroman à une encablure du port de pêche et en face de la villa dans laquelle le BDU a établi son poste de commandement.

L'arsenal conserve, avec ses personnels civils et militaires, ses activités traditionnelles et en attendant la construction du bunker et du slipway de Kéroman, il continuera de recevoir les U Boote de la 2e Flottille.

Dans la cour de l'amirauté, Dönitz félicite, un à un, ses hommes avant leur embarquement pour une nouvelle croisière dans la « grille ».

A la fin de l'automne, la noria des U Boote n'est pas encore à son niveau le plus élevé mais l'arsenal est pratiquement à saturation.

La bataille de l'Atlantique fait rage. Le tonnage des navires de commerce coulé est en constante augmentation. Churchill s'en inquiète. Les attaques en meute contre les convois causent d'énormes ravages.

La Royal Air Force ne dispose, pour la lutte anti sous-marine, que d'appareils à court rayon d'action qui ne sont pas encore équipés de radars. C'est un peu par hasard qu'ils repèrent, sur la surface de l'océan, le massif d'un U Boot et réussissent à le couler.

Les navires de surface disposent d'un Asdic au faisceau encore trop étroit. Là aussi, repérer un sous-marin est un coup de chance, la traque et la destruction, de véritables prouesses.

Les Anglais ont encore un atout que les Allemands n'ignorent pas. En France la Résistance s'organise et dans la Marine Nationale, dans les arsenaux, des hommes rejoignent des réseaux de renseignements.

A Lorient, c'est le cas de l'ingénieur Jacques Stosskopf qui, membre du réseau Alliance, fait passer, par l'intermédiaire de l'état-major de la Marine à Vichy, des renseignements complets sur les mouvements de U Boote, leur état, leur armement, le nombre d'hommes d'équipage et sur l'état d'avancement des travaux de construction des bunkers.

Stosskopf donne pourtant l'image du fonctionnaire discipliné, voire zélé, soumis aux autorités de Vichy et allemandes de Paris. Son patronyme à consonance allemande, alors qu'il est alsacien, le rend suspect, ainsi que son comportement, aux yeux des ouvriers français de l'arsenal et de la population lorientaise qui lui octroient, sans le savoir, la meilleure couverture qui soit. S'il en souffre, il ne le montre jamais. Même pas dans sa famille où, pourtant, le soir à table pour le dîner, il se laisse aller à exprimer son patriotisme et son vœu de voir partir le plus vite possible les Allemands et les nazis. Il ne confie rien de ses activités clandestines au sein du réseau Alliance à sa femme, à son fils et à sa fille.

Grâce à des hommes comme Stosskopf, les Anglais ont connaissance de la plupart des mouvements des U Boote. Ce qu'ils ignorent en revanche, mais plus pour longtemps, c'est dans quel secteur de la grille les « loups gris » vont chasser. En effet les ordres de mission ne sont transmis par le BDU que lorsque le bateau est en pleine mer. Les messages donnent le numéro du convoi, sa route théorique et donc les carrés de la grille qu'il est supposé traverser. La grille n'est autre que le découpage de l'Atlantique en zones désignées par une lettre suivie de deux chiffres. C'est là que les « loups » se rassemblent pour appliquer ensuite la *Rudeltaktik* et attaquent leurs proies.

Si le repérage d'un convoi en est facilité, il ne se fait pas à coup sûr. Dans l'Atlantique Nord, les conditions météorologiques sont le plus souvent très mauvaises. Les dépressions succèdent aux dépressions, la forte houle creuse la mer et depuis le kiosque la visibilité est particulièrement limitée. Quand la mer n'est pas formée de vastes nappes

Première phase du ravitaillement des U Boote, le chargement des torpilles.

de brouillard couvrent la surface des flots. Il ne sert pas à grand chose, alors, de recevoir le message décodé sur les machines à crypter *Enigma* d'invention polonaise, indiquant la position d'un convoi.

Face à la menace croissante de la *Rudeltaktik*, Churchill a décidé de renouer avec l'organisation des transports en convois protégés par des navires rapides adaptés à la chasse contre les sous-marins. Ce dispositif est loin d'être parfait mais il a de sérieux avantages et notamment celui d'obliger le « loup gris » à se démasquer. Il est repérable et devient à son tour une proie.

Pour Dönitz il y a aussi des réalités incontournables. Sur le papier, il dispose certes d'une cinquantaine de sous-marins mais dans l'Atlantique ils sont au plus une vingtaine. Les autres sont soit dans une base pour entretien ou pour réparations, soit ils sont partis rejoindre en Méditerranée

En février 1941, il est décidé de construire un premier bloc pour abriter les U Boote qui passent par Lorient pour réparation et entretien. K I est mis en chantier.

cette flottille, que le « lion de Kernével », comme l'appellent maintenant ses « fils », a dû se résoudre à former, sur un ordre de Hitler.

Il vient tout de même d'obtenir une accélération de la mise en chantier de U Boote de type VII et IX C et D. Il compte par ailleurs sur la construction et l'achèvement des bases pour réduire le temps d'immobilisation de ses bateaux. Les arsenaux français pour pratiques qu'ils soient, arrivent en effet à saturation.

A Lorient, les travaux de construction de la base de Kéroman commencent en février 1941. Le projet initial est un démarquage de la base d'Heligoland. Il prévoit l'édification d'un bunker en béton de 120 mètres de long, de 85 mètres de large et d'une hauteur de 20 mètres. Il est constitué de cinq alvéoles numérotés de 1 à 5. Ce bunker est à peine mis en chantier par la *Germania Werf* que déjà les ingénieurs et les techniciens de la Kriegsmarine se rendent compte que Kéroman I ne pourra accueillir que des bateaux de type VII et IX et sera inadapté aux types IX D et X beaucoup trop longs.

Dès le mois de mai est décidée et commencée sans tarder la construction d'un deuxième bunker au nord de K I. C'est Kéroman II. Ce bunker a la même longueur et la même hauteur que K I mais il est plus large, 138 mètres, et abrite sept alvéoles numérotés de 6 à 12, la 6A servant à protéger les chariots transporteurs du vaste slipway, de 87 mètres, construit entre les deux blocs. En revanche, la construction de K II ne règle pas le problème pour les type IX puisque les alvéoles sont de la même dimension, 82 mètres de long, 15 de large et 10 de haut, que ceux de K I.

Ainsi, jour et nuit à la lumière de puissants projecteurs, sur le site de Kéroman, plus de dix mille ouvriers de différentes nationalités, travailleurs employés par l'organisation Todt, montent des échafaudages en bois, des armatures métalliques et coulent des milliers de mètres cubes de béton pour construire les premiers éléments de ce qui sera la plus grosse forteresse édifiée par le IIIe Reich. Toute la logistique allemande de la région est tournée vers cet immense chantier. Les matériaux, sable, gravier, ciment, ferraille, acier arrivent par camions ou par trains comme les ouvriers dont le ramassage s'effectue dans un rayon d'une quarantaine de kilomètres. Pour réaliser la couverture de K I et par la suite celle de K II les Allemands ont fait venir du granit bleu de Norvège. L'intendance suit. Dans la campagne environnante, dans les fermes

Les plans sont calqués sur la base d'Héligoland tant pour l'extérieur que pour les alvéoles.

Durant l'été 1941, le slipway est achevé.

jusqu'à Guémené, Locminé ou Scaër, les *riz-pain-sel* allemands vont chercher, avec des camions ou même avec la fameuse moto *Zundapp* et son side-car cette nourriture indispensable à la bonne santé des travailleurs.

Bien qu'il ait engagé toutes ses forces aériennes dans la protection de l'Angleterre contre la Luftwaffe, Churchill n'ignore pas que cette construction représente un danger pour la sécurité des convois qui traversent l'Atlantique. Il distrait de temps à autre quelques bombardiers pour effectuer des raids sur Lorient et sa région afin de retarder le chantier. Pour les Lorientais ces bombardements sont un superbe spectacle. Les sirènes qui annoncent l'arrivée de l'aviation britannique n'effrayent pas encore. Et nombreux sont ceux qui se mettent volontiers à leur fenêtre pour assister au feu d'artifice. Les cibles des bombardiers ne sont encore que les voies ferrées, les routes et les installations de la Kriegsmarine. La ville est épargnée.

Malgré ces raids, dont les dégâts qu'ils provoquent sont bien vite réparés, la construction de Kéroman I est rapidement achevée et le 1er août, soit moins de six mois après le premier coup de pioche, le premier U Boot est mis au sec.

Le système mis au point est ingénieux. Le U Boot pénètre dans le canal couvert et derrière lui se ferme la porte d'écluse pour qu'il soit procédé à l'assèchement. Le sous-marin se pose ainsi sur le chariot qui va le transporter sur la vaste plate-forme devant K I. Là, le chariot se déplace latéralement pour s'arrêter devant l'alvéole dans lequel le bateau doit être mis à l'abri. Sur le toit de K I, une grue suit le même mouvement et, juste avant que le sous-marin n'entre dans l'alvéole, le périscope est enlevé. Entre le moment où il a quitté le canal et celui où il pénètre dans son alvéole, l'opération n'aura pas duré plus d'une dizaine de minutes. C'est pendant ce laps de temps que le sous-marin est le plus vulnérable, mais il est bien trop court pour que l'aviation alliée puisse tenter quoi que ce soit.

Tandis que K II est encore en chantier, sont décidées les constructions de Kéroman III et de Kéroman IV. L'Oberwerfdirektor, l'organisation Todt ont fait la preuve de leur efficacité et la Kriegsmarine veut aller encore plus vite.

Kéroman III est un bunker constitué de sept bassins de radoub et de deux alvéoles à flot. Ils sont numérotés de K13 à K24. Il mesure 138 mètres de long, 170 de large et 20 de haut. L'épaisseur de la toiture atteint 7,40 mètres à l'exception de la zone technique où elle n'est que de 3,60 mètres. Là, point de granit bleu mais une succession de chambres d'éclatement faite d'alternance de béton et

Et au mois d'août le premier U Boot de type VII est mis au sec.

Après K I et K II ce sera au tour de K III d'être mis en chantier, avec ses bassins de radoub.

Les armatures métalliques sont montées et le béton prêt à être coulé. K III prend forme.

de vides dans lesquels les bombes finissent par perdre leur puissance.

Avec Kéroman III qui ne sera achevé qu'en mai 1943, la base de sous-marins de Lorient peut accueillir 28 U Boote en même temps. Les travaux continueront jusqu'en 1944 sur KIII et le chantier de KIV sera abandonné à ses débuts. Autour de la base, des bunkers sont construits pour le stockage des carburants, de différents matériels ou, comme à Kerolay, pour la préparation des torpilles. Le long de K II, du côté du port de pêche est entreprise la construction qui restera inachevée d'une gare protégée et de casernements. Sous K I et sous K II sont aménagés d'immenses souterrains dans lesquels on pourrait circuler en voiture. Ce sont des magasins de stockage reliés entre eux par des tunnels dont l'un d'eux débouche dans le port de pêche. Les alvéoles de K I et de K II sont hermétiquement fermés par des portes blindées et les deux blocs sont équipés d'un système de ventilation autonome.

Enfin contre KI est installée la « tour Davis ». En effet, soucieux de la sécurité des équipages, les instructeurs du centre de formation des sous-mariniers entraînent ces derniers à s'échapper d'une coque de sous-marin qui se remplit d'eau. Pour cela ils utilisent une « tour de sauvetage », un caisson dans le fond duquel on trouve une installation identique à celle d'un sous-marin, panneau, kiosque. Les hommes sont enfermés dans le caisson que l'on remplit d'eau. Une fois l'équilibre atteint entre la pression intérieure et la pression extérieure, on ouvre le panneau et les marins remontent à l'aide d'une bouée bouteille en prenant soin de toujours souffler, sans jamais retenir leur respiration afin d'éviter toute surpression pulmonaire.

C'est pour continuer cet entraînement au sauvetage que les Allemands construisirent cette « tour Davis ». Elle sera utilisée, par la suite, par les équipages français.

Si l'on ajoute à la base de Kéroman les deux Dom cathédrales et les deux alvéoles sur le Scorff, Lorient est devenue la plus importante des places fortes de la Kriegsmarine.

Avec les deux bunkers du Scorff, les deux dom-cathédrales, Lorient est devenue la principale base pour les U Boote.

> ERBAUT NACH WEISUNGEN
> DES FÜHRERS
> ADOLF HITLER
> FÜR DEN BEFEHLSHABER
> DER UNTERSEE-BOOTE
> VIZEADMIRAL DÖNITZ
> U. SEINE WAFFE DURCH
> DIE ORGANISATION TODT
> BAUBEGINN FEBRUAR 1941
> ⌘ EINFAHRT DES ERSTEN ⌘
> U-BOOTES: 1. AUGUST 1941
> ÜBERGABE DER ANLAGE:
> AM 20. DEZEMBER 1941 ⌘

Hitler a tenu à féliciter la Kriegsmarine et l'organisation Todt pour avoir réalisé cet ouvrage en un temps record, notamment pour Kéroman I.

La noria des U Boote

En attendant cette gigantesque construction, la 2ᵉ Flottille de U Boote a pris ses positions. Pour toutes les réparations, l'entretien et le ravitaillement, les bassins, les quais et le bunker du Scorff ne désemplissent pas. Quand l'immobilisation ne dépasse pas trois ou quatre jours, les équipages vont s'oxygéner à Caudan ou restent à Lorient. Ils découvrent la ville, dans la journée ils flânent sur le cours des quais ou font quelques emplettes sur le cours de la Bôve, dans la rue des Fontaines, pour les rapporter plus tard à leur mère ou à leur fiancée. A la nuit tombée, ils hantent les bars ou les maisons

Hiver 40-41, la fanfare et les « hourras! » saluent le départ du U 29, un type VII A.

closes, y boivent jusqu'à plus soif, jusqu'à ce que la police les ramène, ivres morts, à leur cantonnement.

Quand commence l'hiver, au début de 1941, tous les « as » des U Boote sont déjà passés par Lorient soit qu'ils aient été affectés à la 2ᵉ flottille, soit qu'ils aient eu besoin de ravitailler ou de réparer.

Prien, Endrass qui était son second à Scapa Flow et qui commande maintenant le U 46, Zahn, Schuhart, Korth, Zapp, Kals, Winter, Rasch, Schepke, Kretschmer, Hartenstein, Cremer y ont reçu les décorations récompensant leurs exploits et y font fait le récit de leurs chasses et de leurs frayeurs.

Puis ils sont repartis, salués par la musique militaire et ovationnés par les hommes et les femmes de la Wehrmacht et de la Kriegsmarine restés à terre. Ils sont repartis jouer une fois encore ce capital de chance qui se réduit inéluctablement.

A la mi-février, alors que les accents martiaux des marches militaires se sont tues, le U 47, accompagné de son escorteur, quitte Lorient et passe devant Kéroman. Prien, depuis le massif, observe le travail des ouvriers qui font sortir de terre les premiers blocs qui préfigurent Kéroman I. Lui, il part chasser quelque part au sud de l'Islande.

Dans une mer houleuse et glaciale, les jours se succèdent sans la moindre proie en vue. L'équipage est épuisé, malade. Les hommes implorent quelques heures de navigation en plongée pour souffler un peu dans le calme des eaux plus profondes.

Le 8 mars, Prien retrouve enfin le convoi repéré la veille et aussitôt perdu. Dans le réticule de son périscope, il garde un lourd cargo qui maintient son cap avec beaucoup de difficulté et qui offre fréquemment son travers. Le U 47 fait surface. Au moment même où il lâche ses torpilles il est repéré par un contre-tor-

Pour les sous-mariniers, les quelques heures passées à terre sont l'occasion de faire des emplettes dans les rues de Lorient, les jours de marché.

pilleur, le *Wolverine*, qui fonce sur lui. Günther Prien n'attend pas de connaître le résultat de son tir. Il donne ordre de plonger. Mais le *Wolverine* est déjà sur lui et envoie ses grenades. Le U 47 est violemment secoué par les déflagrations. Il descend encore mais les barres de plongée sont endommagées et le bateau devient ingouvernable. Des voies d'eau alourdissent le poste avant et continuent de l'entraîner vers le fond malgré les efforts désespérés de l'équipage pour s'en rendre maître à nouveau.

En surface le *Wolverine* attend. Le commandant est un homme expérimenté et patient. Il connaît toutes les ruses des « loups gris » et ses canons sont prêts à l'achever si celui-là refait surface. Il ne se soucie guère de la consigne donnée de tenter, par tous les moyens, de capturer un U Boot. Il garde le U 47 dans le faisceau de son Asdic ignorant encore que le dernier acte de la tragédie est déjà joué.

Prien et ses quarante-quatre hommes ne reviendront jamais à Lorient.

En apprenant la nouvelle, Churchill rend hommage au « *formidable et indomptable Günther Prien* ». Dönitz souffre. Hitler se tait.

Le BDU n'a pas fini de souffrir et Hitler de se taire.

Partis quelques heures après le U 47 de Lorient, le U 99 de Kretschmer et le U 100 de Schepke ont rejoint une zone proche de celle où a disparu Prien. A eux deux ils ont coulé onze bâtiments. Kretschmer n'a plus de torpilles et il attend Schepke pour rentrer à Lorient.

Le U 100 est localisé par deux destroyers, le *Walker* et le *Vanoc*. Ce dernier plus près du U Boot fonce à plein régime pour l'éperonner. Schepke n'a que le temps d'ordonner « barre à droite, toute ». L'étrave du *Vanoc* vient percuter le jardin d'hiver tuant les veilleurs et broyant l'acier qui écrase les jambes de Schepke en le retenant entravé. Le *Vanoc* poursuit sa route. En passant sur le pont du sous-marin, sa poupe se soulève, ses hélices sortent de l'eau et frôlent le massif dans lequel Schepke est toujours prisonnier. L'U 100 prend l'eau de toutes parts et commence à s'enfoncer dans les flots sous le poids du destroyer qui finit par se dégager. En quelques secondes, le U Boot disparaît entraînant Schepke avec lui.

Mais la journée n'est pas finie. Le *Walker* a laissé le *Vanoc* aux

Ils se rendent également au théâtre pour y entendre, avec nostalgie, des récitals de chansons du pays et plus particulièrement la chanson Lilly Marleen qu'interpréta Lale Andersen.

Ils participent encore à des compétitions sportives récompensées par des trophées ramenés dans le casernement de l'équipage.

Le tout accompagné en permanence par les flonflons d'une musique militaire.

prises avec le U 100 parce qu'il a repéré le U 99 et l'a pris en chasse.

Pour Kretschmer c'est sa dernière sortie car Dönitz a décidé de l'attacher à son état-major à Lorient.

A l'approche du *Walker*, le U 99 a plongé mais le grenadage du destroyer est précis. A moins 110 mètres, les ampoules sautent. D'autres grenades viennent exploser, tout près. Quand les ampoules se rallument Kretschmer constate que son équipage est terrorisé. Le chef mécanicien lui annonce que le manomètre de profondeur est hors d'usage et que de graves voies d'eau se sont déclarées dans les postes avant et arrière. L'eau envahit le bateau et le manomètre du poste avant indique une profondeur de 195 mètres. L'U 99 descend encore. Il atteint moins 210 mètres. Kretschmer prend alors une grave décision. « Surface. Chassez partout ». Il sait qu'il a perdu la partie. Le U 99 descend encore. Il se stabilise à moins 220 mètres et quand l'air comprimé siffle dans les ballasts, le sous-marin remonte enfin, au grand soulagement de l'équipage.

Sur la passerelle du *Walker*, le commandant Mac Entyre sait que le U Boot remonte et il s'apprête à le capturer. Quand le U 99 surgit à la surface il est tellement endommagé qu'il est déjà une épave. Kretschmer n'a pas eu la possibilité d'actionner les charges destinées à le saborder mais il devine que ce ne sera pas nécessaire. Le *Walker* récupère son équipage d'abord et lui ensuite.

Churchill qui suit avec beaucoup plus d'intérêt qu'on ne le fait à Berlin ce qui se passe dans l'Atlantique, lorsqu'il apprend les destructions du U 99 et du U 100 envoie un message à Mac Entyre : *« Depuis début de la guerre - Meilleure nouvelle reçue »*.

Pour Churchill les bonnes nouvelles continuent d'arriver. Le tonnage des navires coulés par les U Boote est en diminution, preuve que la tactique des convois dont la protection navale et aérienne est de plus en plus efficace est payante. Il sait aussi, grâce aux réseaux de renseignements dont il dispose, que pour le « Lion du Kernével » tout ne va pas pour le mieux. La construction des U Boote est toujours en deçà des promesses consenties par Hitler lui-même et elle n'assure pas encore le remplacement des bateaux disparus.

C'est la même chose pour ce qui est des équipages. Pour les commandants, la relève est assurée par des officiers en second et même en troisième qui ont déjà une solide expérience du feu bien qu'étant très jeunes. Cela se passe bien, par exemple à bord du U 123 quand Reinhard Hardegen remplace Moehle, Horst von Schroeter, officier en troisième devient son second et que l'équipage reste le même.

En revanche des problèmes surgissent parfois avec des équipages nouvellement formés qui n'ont nullement l'expérience du combat.

Le plus inexpérimenté en matière de guerre sous-marine n'est autre que Hitler. « Grofaz »[3] comme les Allemands le surnommeront bien plus tard donne des ordres qui vont aider les alliés.

Il décide, sans que Dönitz ne sache pourquoi, de raccourcir la durée de la formation des équipages des U Boote en la faisant passer de cinq à deux mois. Dönitz se met en colère mais il obéit. Espérant que la catastrophe qu'il redoute ne se produira pas.

Depuis la terrasse de sa villa du Kernével, il suit tous les jours les travaux de construction de la base de Kéroman ainsi que les entrées et sorties de ses « loups gris ».

Dans son énorme Cadillac noire, il se rend dans l'enceinte de l'arsenal pour y accueillir

La construction de la base de Kéroman n'est pas interrompue la nuit. A la lumière de puissants projecteurs les quinze mille ouvriers travaillent à couler le béton.

Dans l'Atlantique, la bataille continue, plus âpre et plus dure que jamais. Le U 123 vient de couler un cargo. Les naufragés s'approchent du sous-marin pour être recueillis. Le commandant du cargo est monté sur le pont et toute l'assistance lui est fournie. Dönitz n'a pas encore donné son ordre Tritton Null.

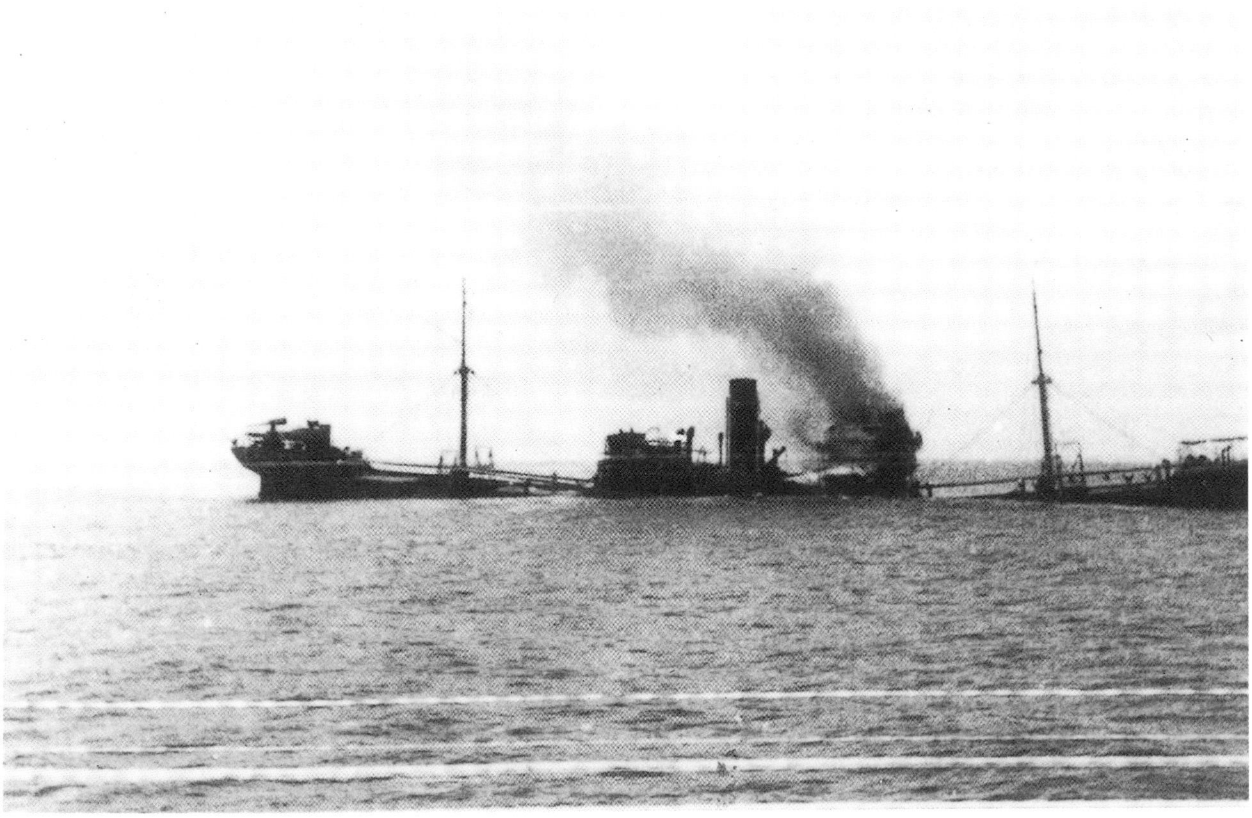

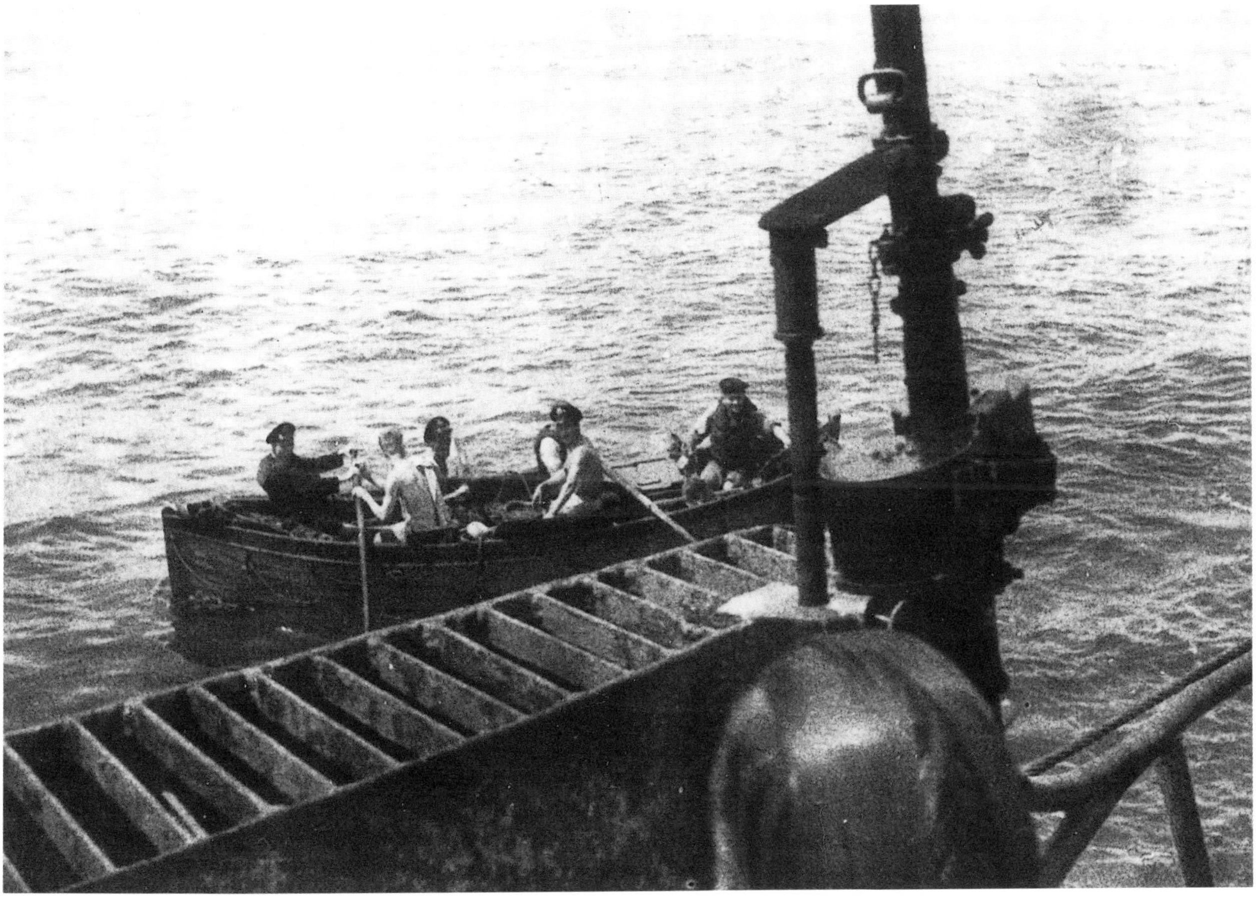

Le ravitaillement en vivres est encore effectué à Lorient. Plus tard, des U Boote « vaches laitières » seront au rendez-vous en plein milieu de l'océan quand ils ne seront pas coulés par l'aéronavale britannique.

Kéroman n'est pas encore équipé pour les opérations de ravitaillement. Elles s'effectuent toujours dans l'arsenal.

les équipages au retour de croisière ou pour les saluer avant leur départ. Du pacha au simple matelot, il a toujours le mot qui réchauffe, encourage, enhardit. Mais les cérémonies de remises de décorations masquent de moins en moins la dégradation de la situation dans l'Atlantique.

En août 1941, Dönitz peut enfin constater avec plaisir que Kéroman I est achevé, que Kéroman II prend forme et qu'ainsi Lorient est en train de devenir la principale base d'entretien des U Boote qui traquent l'ennemi dans l'Atlantique.

Conçus à l'identique de ceux de Kéroman I, les alvéoles de Kéroman II sont trop courts pour accueillir les types IX et X. La décision de mettre immédiatement en chantier Kéroman III avec ses bassins d'assèchement de 138 m de long est donc prise par Hitler et Fritz Todt, avant même l'achèvement de Kéroman II.

Dönitz qui n'est pourtant pas homme à se décourager est dans une période de doute. Il n'est pas convaincu de l'utilité de la construction de Kéroman III car il craint que la bataille de l'Atlantique, bien qu'elle se poursuive encore, ne puisse plus être gagnée. Il pressent sans doute aussi que l'Allemagne ne peut plus sortir victorieuse de la guerre.

L'invasion de l'URSS ouvre un front qui va aspirer tout l'effort allemand. Or cet effort n'est pas sans limites. Il se doute aussi qu'un grand pays, neutre jusqu'à présent, va entrer dans le conflit aux côtés de l'Angleterre et que dans l'Atlantique il aura un nouvel adversaire plus puissant encore que le premier. Car bien qu'ils ne fassent pas encore partie des belligérants, les Etats-Unis pèsent déjà de tout leur poids économique dans le conflit et interdisent une bonne partie de l'Atlantique nord à la Kriegsmarine. Le 10 avril, ils se sont déjà livré à un acte de guerre contre un U Boot canonné par un destroyer.

Hitler a interdit la moindre riposte. Il n'a élevé aucune protestation. La consigne « Rien contre les Américains » est maintenue.

En ce mois d'août 1941, se produit, pour Dönitz et pour tous les sous-mariniers allemands, un incident d'une extrême gravité. Plus grave encore que la déchirante perte d'un U Boot et de son équipage.

Depuis trois jours, il attend le U 570 parti de Wilhelmshafen pour rallier Lorient et la 2e flottille à laquelle il est affecté. Il est sans nouvelles de ce bateau qui avant de venir sur Lorient devait faire une croisière au sud de l'Irlande.

Il est atterré quand il reçoit sous forme de dépêche la traduction d'un journal anglais qui relate la capture du U 570.

Le U Boot a quitté comme prévu Wilhelmshafen et mis le cap sur Sud-Irlande. A son bord un pacha qui en est à son premier commandement, des officiers néophytes dans les sousmarins et un équipage formé en deux mois à Flensburg.

Déjà quand il a reçu l'ordre de prendre la mer, le commandant a cru à une blague.

Dès les premières heures de navigation, par une mer démontée, le commandant s'est révélé incapable de se faire obéir de ses hommes qui ont pris un sérieux ascendant sur les officiers.

Les erreurs de calcul du navigateur en proie, comme tous les autres, au mal de mer, ajoutent au découragement d'un équipage qui est pris de panique lorsque le sous-marin percute le fond à moins quarante mètres.

Le commandant n'ose même plus répondre aux messages de Dönitz qui lui intime l'ordre de regagner Lorient.

Pour soulager l'équipage du mal de mer et pour remettre un semblant d'ordre dans ce sous-marin d'une saleté et d'une puanteur repoussantes, au cinquième jour de navigation le commandant décide de naviguer en plongée. Il vient à peine de refermer le panneau du kiosque que le U 570 est repéré par un Hudson du British Coastal Command. L'avion, piloté par le Group Captain Thompson, fonce sur les tourbillons d'écume mais les quatre bombes restent coincées. Thompson relève la position du « loup gris » et rentre à sa base.

Quelques heures plus tard, quand il revient sur zone, le

Le canonnier n'a que quelques secondes pour regagner le massif avant la plongée.

ET LA TANIÈRE DEVINT LE VILLAGE

Les gestes sont automatiques et exécutés avec assurance.

En croisière, dans la grille, la vie est tout autre. Constamment sur le qui vive, il faut toujours faire vite.

ET LA TANIÈRE DEVINT LE VILLAGE

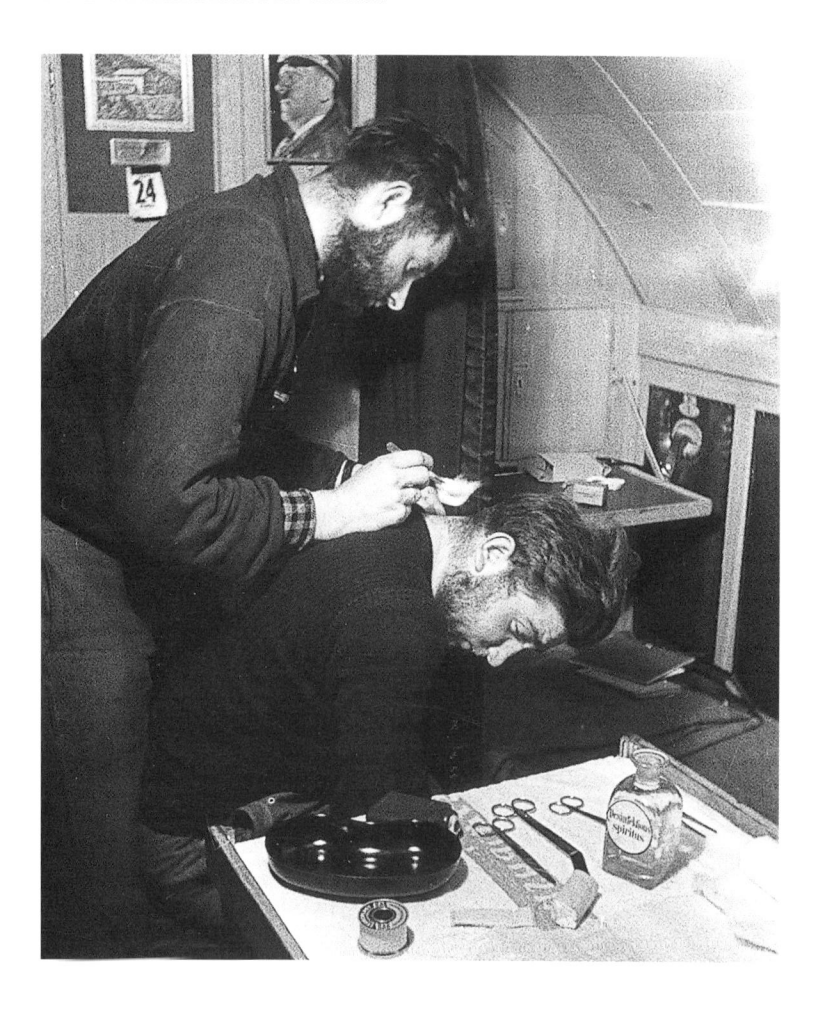

En attendant le combat, la vie à bord est calme.

Le temps de quelques soins pour un mauvais furoncle.

Le temps aussi pour lire.

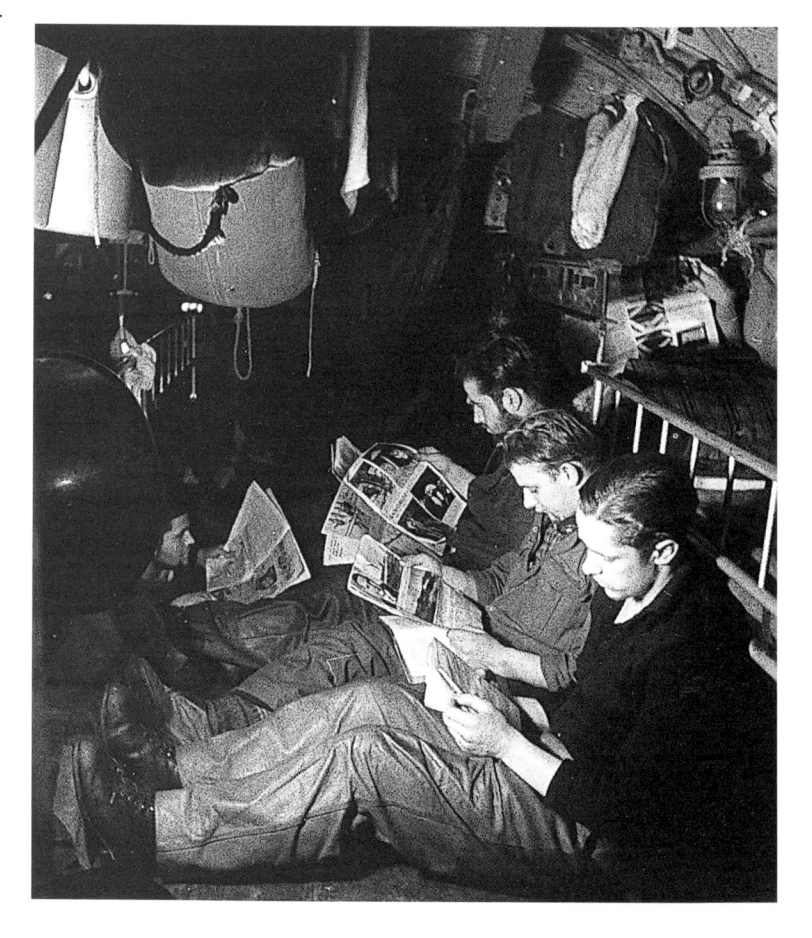

Repérer les convois, calculer la distance qui l'en sépare du loup gris, un travail permanent pour ne pas en perdre la trace et pour attaquer au bon moment.

U 570 est en train de faire surface.

Il arrive à sa hauteur au moment où le commandant ouvre le panneau du kiosque et il lâche ses quatre bombes.

L'équipage est à nouveau pris de panique. Au lieu d'exécuter les manœuvres de plongée, des hommes se précipitent aux panneaux, les ouvrent et tentent de s'enfuir en se jetant à la mer. Pour que l'ordre revienne, certains matelots sont assommés.

L'équipage est au bord de la mutinerie et à quatre-vingts mètres d'immersion, le commandant, exténué, écœuré, prend la décision de refaire surface et de se rendre. Au grand soulagement de l'équipage et des officiers. C'est la première fois qu'un U Boot se rend. Et, pire encore, sans avoir engagé le combat.

Pour les Anglais cette prise est une véritable aubaine. Les ingénieurs de la Royal Navy se livrent sur cette prise à un examen des plus minutieux. Ils découvrent que les charges de TNT des grenades sont nettement insuffisantes pour endommager la coque des U Boote. Ils prennent connaissance des codes et de tout ce qui fait la tactique de la guerre sous-marine conçue par Dönitz.

Après quoi ils renvoient le U 570 à la mer, avec un équipage anglais cette fois, et sous le nom de *Graph* ce sous-marin poursuit la guerre contre ses concepteurs.

Pour Dönitz, il est clair que ce désastre est le résultat de l'ordre qu'a donné Hitler de réduire la durée de formation des équipages. Il obtient qu'elle soit reconduite à cinq mois mais c'est trop tard.

Les « loups gris » ne font que commencer à payer les fautes tactiques commises par Hitler qui, pour ne pas déplaire à son ami Gœring, a placé une trop grande confiance dans la Luft-

Après le coup d'éclat de Paukenschlag, le U 123 rentre dans le port de Lorient.

Le vice-amiral Stohwasser inspecte les installations du slipway.

waffe pourtant impuissante à acquérir la maîtrise du ciel. L'opération *Otarie* est annulée depuis longtemps. Churchill peut souffler et les soldats allemands qui prendront pied en Angleterre ne le feront qu'en tant que prisonniers.

Et puis le front de l'ouest n'intéresse plus Hitler, tout entier tourné vers l'est où il entend mener sa propre guerre. Pour que les armées allemandes déferlent à travers l'immense steppe vers Leningrad, Moscou et vers les grands combinats industriels du Don et de la Volga, Todt doit mettre en place une logistique gigantesque. Il ne peut donc que s'en tenir, pour ce qui est du front de l'ouest, à ce qui a déjà été programmé et rien de plus.

Dönitz n'y voit aucun inconvénient. Ses préoccupations se situent au large, dans cette immensité où ses « loups gris » s'acharnent contre un adversaire de plus en plus fort. Tandis qu'il met tous ses moyens dans la bataille, Hitler lui donne l'ordre d'envoyer, en Méditerranée, une dizaine de U Boote pour attaquer la flotte anglaise et pour protéger les convois allemands et italiens qui ravitaillent les forces de l'axe en Libye et en Cyrénaïque.

En retour il obtient que soit accélérée la construction de sous-marins pour renforcer la 2e flottille qui n'a maintenant plus aucun lien avec Wilhelmshafen.

Malgré des raids de la Royal Air Force de plus en plus fréquents, la construction de Kéroman II et de Kéroman III va aussi vite que celle de Kéroman I. En réalité les bombardements qu'effectuent les britanniques n'ont pas seulement pour but d'empêcher la construction de la base ou de détruire ce qui est déjà sorti de terre. Il s'agit aussi de créer un climat d'insécurité pour les Allemands. Pour protéger les portes des bassins, les Allemands ont coulé devant K III le *Strasbourg* et le *Crapaud* et entre des mâts qu'ils ont dressés sur les épaves ils ont tendu des filets pour arrêter les torpilles lancées contre les portes des bassins. Aussi ces raids sont relativement modestes et parfois ils touchent la ville comme par exemple dans le quartier de Kerentrech près de la gare.

Mais la Royal Navy a choisi de frapper les U Boote là où ils sont le plus vulnérables, c'est-à-dire en mer. Mieux vaut en effet couler un U Boot avec son équipage que d'endommager partiellement un bunker qui sera aussitôt remis en état.

Le perfectionnement des Asdic au faisceau plus précis, l'équipement en radars des avions du British Coastal Command, l'augmentation de la puissance des charges des grenades et l'envoi à la mer d'un plus grand nombre de destroyers et de contre-torpilleurs sont la riposte la plus appropriée aux attaques en meute des « loups gris ».

Et cette tactique commence à produire ses effets. Le procédé de grenadage a lui-même été modifié. Les *hedgedog* (hérisson), petites roquettes qui

Le général von Brauchitch, qu'Hitler ne tardera pas à destituer, lors de sa visite à Lorient.

explosent au contact de la coque, sont lancées par l'avant. On installe des grenadeurs latéraux.

Des zones entières de l'Atlantique nord sont maintenant interdites aux U Boote contraints d'aller chasser de plus en plus loin des côtes britanniques.

Le tonnage coulé s'en ressent. Il est en constante diminution.

Après l'attaque japonaise sur Pearl Harbor, l'entrée en guerre des Etats-Unis fait peser sur le front occidental une nouvelle et lourde menace que néglige Hitler tout entier tourné vers le front de l'est où ses armées s'enlisent dans un hiver rigoureux auquel elles ne sont pas préparées.

Dönitz a senti le danger mais pendant quelques jours encore Hitler lui refuse tout acte de guerre contre les Etats-Unis. Il obtient finalement le feu vert au tout début du mois de janvier 1942.

Depuis la fin du mois de décembre il a préparé une opération qui doit époustoufler le monde entier. Au Kernével, il a réuni ses meilleurs commandants, Hardegen, (U 123), Zapp (U 66), Kals (U 130) et Winter (U 103). Ils viennent de recevoir la nouvelle de la disparition en Méditerranée d'Endrass et se remémorent l'étonnant sourire de ce jeune homme toujours prêt pour faire la fête entre deux croisières. Il faisait partie, avec Prien, Kretschmer, Schepke, de ces as de la première vague auxquels ceux qui entourent, ce soir-là, le « Lion de Kernével » n'ont rien à envier. La guerre ne laisse que peu de temps à la tristesse et Dönitz passe vite à son projet qu'il a baptisé « Paukenschlag », « Coup de cymbales »[4].

Puisqu'il est de plus en plus difficile de repérer les convois en haute mer autant aller les chercher à la sortie des ports d'où ils appareillent. Et mieux

Jacques Stosskopf, membre du réseau Alliance, sera arrêté par la Gestapo malgré la protection de la Kriegsmarine qui refusait de croire qu'il était un agent de renseignement pour les Britanniques.

Musique à bord du U 123.

encore de les couler au mouillage. Refaire le coup de Scapa Flow mais sur une plus grande échelle et là où l'adversaire s'y attend le moins : sur les côtes américaines, depuis Hallifax jusqu'au cap Hatteras.

Les commandants rentrent à Lorient dans leurs appartements avec pour instruction de couler, une fois là-bas, de l'autre côté de l'Atlantique tout ce qui passe devant leurs tubes et, surtout de ne rien faire avant d'y être arrivé pour ne pas se faire repérer.

La hardiesse de l'opération « Paukenschlag » les a rendu euphoriques malgré le danger que représente une telle traversée et ils n'en dévoilent rien aux équipages.

Ils savent depuis longtemps qu'ils ne peuvent pas compter sur la discrétion de leurs hommes quand ils ont trop bu. Ils lâchent dans les bars à entraîneuses de Lorient des informations capitales pour l'exécution des missions à venir. Des informations aussitôt relayées par ces dames dites de petite vertu mais d'un grand courage et qui ensuite, via les réseaux de la résistance, arrivent à Londres.

On ne sait trop par quel réseau, la préparation de l'opération « coup de cymbales » arrive justement dans les bureaux du MI6 qui s'empresse lors de l'appareillage des U Boote de prévenir l'US Navy et notamment l'amiral King, un de ces héros dont raffolent les Américains.

Après l'opération Paukenschlag, le retour triomphal à Lorient du U 123.

Mais King a hérité de ses ancêtres écossais une haine séculaire à l'égard de tout ce qui est anglais et il reçoit ces informations, pourtant capitales, avec dédain en estimant qu'il n'a rien à devoir aux Anglais.

Pendant ce temps, les « loups gris » font route à petite vitesse et sur un seul moteur pour économiser les machines et le carburant, vers la côte des Etats-Unis où chacun a déjà son objectif désigné.

L'équipage est félicité par Dönitz et Hitler tiendra à recevoir Hardegen.

Le 13 janvier 1942, tout le dispositif de « coup de cymbales » est en place.

Le U 123 s'est posté à l'entrée du port de New York. A la jumelle Hardegen et von Schroeter admirent la ville illuminée, sillonnée par les phares des voitures qui circulent dans Manhattan et le long de la côte vers le New Jersey.

Von Schroeter a repéré un navire qui quitte le port. C'est la première cible. En quelques secondes le U 123 lâche deux torpilles qui atteignent leur but. A bord du U 123 le radio capte le message, émis en clair, du radio du navire qui est en train de sombrer et qui annonce qu'il vient de sauter sur une mine au sud de Long Island.

Hardegen est tout d'abord furieux mais il réalise que cette méprise va le servir en retardant la réaction de l'US Navy. Il ignore encore que l'amiral King ne veut toujours pas croire à une attaque de sous-marins allemands.

L'U 123 s'attaque ensuite à un pétrolier qui coule en quelques secondes. Puis le U Boot s'approche un peu plus de l'entrée du port et envoie une torpille contre un cargo qui passe par là. Elle n'explose pas.

C'est un autre pétrolier qui entre dans le champ de vision du périscope du U 123. Hardegen n'hésite pas. Il fait tirer deux torpilles qui atteignent leur cible et explosent cette fois. Hardegen exulte, von Schroeter le ramène à un peu plus de prudence et tandis que l'aube pointe à l'horizon, Hardegen donne ordre de s'éloigner du port et va poser le U 123 par trente mètres de fond afin d'y attendre la nuit.

Le soir, il refait surface et entreprend à nouveau son travail de destruction.

L'amiral King a fini par admettre, bien à contre cœur, l'évidence. Il s'agit bien d'une attaque de sous-marins allemands mais ignorant leur nombre il se refuse à prendre les mesures qui s'imposent en envoyant les destroyers au mouillage dans l'East River.

Il ne reste plus qu'une torpille à bord de U 123. Alors quand un cargo passe devant le U Boot, Hardegen, emporté par l'euphorie, décide de l'attaquer au canon. Les risques sont énormes. Tandis que le cargo est en train de couler Hardegen redevient raisonnable. Pour lui la mission est remplie et il donne ordre de rentrer à Lorient. Le moment est d'autant mieux choisi que l'amiral King s'est enfin résolu à envoyer ses destroyers chasser le submersible.

De retour à Lorient, c'est la gloire. Les exploits de ces U Boote sont d'excellents sujets pour les services de propagande de Gœbbels qui filment les remises de décorations par Dönitz descendu sur le pont du U 123 à couple avec l'*Isère*.

Hitler veut recevoir et congratuler ces héros qu'il invite à Berlin comme il l'avait fait pour Günther Prien à son retour de Scapa Flow.

Mais l'audace et le courage ne sont pas que dans un camp et cela Hitler ne veut pas le savoir.

Qu'ils soient dans la Royal Air Force ou dans la Royal Navy, les Anglais en ont à revendre. Et ils ont fait plier les armées allemandes qui ont atteint leur extrême limite. La RAF montre maintenant sa supériorité sur la Luftwaffe et la Navy n'a plus à faire la preuve de la sienne sur la Kriegsmarine.

Le tableau d'honneur du U 123 qui deviendra plus tard le commandant Blaison.

Quant à la Wehrmacht elle cède du terrain sur tous les fronts, même si c'est trop peu, et les changements de stratégie du Führer compliquent davantage encore la situation.

Dans l'Atlantique les bateaux de surface de la Kriegsmarine sont réduits à l'impuissance et seuls les dragueurs de mines quittent leur mouillage pour protéger les sorties des U Boote, les seuls à pouvoir continuer encore le combat sans avoir réellement le dessus. Un U Boot pris en chasse par deux destroyers a bien peu de chance de s'en sortir.

Le 9 février 1942, Fritz Todt périt dans un accident d'avion alors qu'il est en tournée d'inspection des travaux sur les côtes de la Manche.

Albert Speer lui succède et décide de s'en tenir au programme en cours.

Quand les U Boote de l'opération « coup de cymbales » sont rentrés à Lorient, les équipages ont pu voir l'énorme masse de béton de Kéroman III. Ils l'ont cependant à peine admirée car tous sont pressés de quitter Lorient pour partir, en permission, pour l'Allemagne.

Sur le chemin de la gare ils passent devant quelques immeubles incendiés par les bombes et ils redoutent déjà ce qui les attend dans la ville allemande où vit leur famille. Ils ont perdu, pour beaucoup, l'allure arrogante de conqué-

Le plan incliné pour apporter les matériaux sur le toit de K II.

La noria des U Boote

rants qu'ils avaient en 1940 et l'inquiétude se lit sur certains visages. Ils pensent à la mère, au père, à la sœur sans se soucier que la Luftwaffe fait subir un sort identique à des familles anglaises dans Londres, Liverpool ou Manchester.

Dans des ports comme celui de Lorient, les U Boote sont désormais bien abrités. Mais dès qu'ils sortent le danger est là. Et en quelques semaines il a décuplé.

Pour la dernière fois le U 123 rentre à Lorient. Mis à sec pour y être équipé du schnorchel, il sera capturé, dans son alvéole de Kéroman, lors de la reddition de la poche de Lorient. Refondu par la Marine Nationale, il naviguera jusqu'en 1957 sous le nom du commandant Blaison.

En prenant des risques énormes, des pilotes de la RAF sont venus mouiller des mines dans les courreaux de Groix. Aucun U Boot ne peut sortir sans être précédé d'un dragueur de mines et rentrer sans attendre cet ange gardien. A ce risque-là s'ajoute celui d'une aviation de plus en plus présente, prompte à fondre sur les U Boote dès qu'ils sont repérés.

Le 9 octobre 1942, le U 171 appareille de Lorient. Il navigue en surface et met le cap à l'ouest. Quelques minutes plus tard, un peu avant d'atteindre Pen Men, il saute sur une mine. Peut-être deux. Il sombre en quelques secondes, entraînant avec lui vingt-deux membres d'équipage. Six mois plus tard, le 14 avril 1943, le U 526 connaîtra le même sort à quelques encablures de là. Quarante-deux sous-mariniers périront.

Pourtant, durant cette période, même si l'équilibre des forces est en train de basculer, les meutes de « loups gris » se montrent encore redoutables. Leur terrain de chasse est certes plus étendu ou plutôt plus éloigné des côtes anglaises. Quant ils réussissent à quitter le golfe de Gascogne, les U Boote partent pour des croisières lointaines qui les conduisent jusqu'au delà de l'Equateur, le long des côtes africaines ou dans la mer des Caraïbes tout en poursuivant leurs ravages sur la côte est des Etats-Unis.

Lorient, devenue la principale base de U Boote, est occupée par dix mille hommes de la Kriegsmarine, de la Werhmacht auxquels s'ajoutent ceux de la Feldgendarmerie et, bien entendu, ceux de la gestapo qui traquent tant chez les Allemands que chez les civils français ceux qui se laisseraient aller au défaitisme, pour les premiers, et ceux qui auraient des liens avec des résistants, pour les seconds.

Plus de dix mille hommes qui travaillent à l'entretien, à la réparation, au ravitaillement des U Boote, à la construction de la base, à sa défense, à son propre ravitaillement ainsi qu'à celui des ouvriers civils qui y sont employés. Une véritable ville à nourrir, à soigner et à administrer. Une ville qui se nourrit sur tout ce qui l'entoure dans un rayon d'une quarantaine de kilomètres.

A Kéroman les travaux se poursuivent par l'achèvement de K II et la mise en chantier de K III que bien peu de sous-mariniers auront le temps de voir s'édifier.

Avec ses alvéoles grand ouverts sur la mer comme autant de gueules d'un monstre comme seul les hommes peuvent en concevoir, Kéroman III assoie sa lourde et imposante masse de béton à la pointe de cette presqu'île qui en devient minuscule.

Le bunker en lui-même fait 138 mètres de long, 170 de large et plus de 20 mètres de hauteur. La toiture est flanquée de trois puits pour batteries antiaériennes.

Les dimensions des alvéoles varient entre 82 et 103 mètres de long et de 12 à 22 mètres de large. Tous sont fermés par des caissons submersibles sauf l'alvéole central dont le caisson ne fut jamais fabriqué. K 23 et K 24, les bassins de radoub sont fermés par des doubles portes.

A ces trois énormes bunkers s'ajoutent ceux plus petits, au nombre de six, qui abritent les torpilles, les armements et munitions et les carburants. Ces six bunkers qui s'étendent jusqu'à Kerolay ont pour nom : Jaguar, Tiger, Léopard, Iltis, Wolff et Luchs.

Grâce à ces installations, Lorient qui compte, depuis le mois de janvier 1942, une nouvelle flottille fondée sur place, la 10e, est la base la mieux équipée, la mieux armée et la mieux protégée de l'Atlantique.

Ces énormes constructions, le nombre et la qualité des personnels à pied d'œuvre et la quantité du ravitaillement couvrent très largement les besoins des flottilles 2 et 10. Cela explique le fait que Lorient, arsenal et base de Kéroman réunis, accueillera bien plus de sous-marins que n'en comptent ces deux flottilles. Pendant toute la durée de la guerre, la Kriegsmarine procédera à 1 149 grands carénages dans les ports français de l'Atlantique. Près de 500 seront réalisés à Lorient qui est la véritable plaque tournante des U Boote de Dönitz.

Quelques semaines avant la reddition, le drapeau de la Kriegsmarine flotte encore sur l'amirauté.

Le « Stalingrad » des U Boote

Quand la meute de l'opération « coup de cymbales », est de retour à Lorient, la situation, en quelques semaines a considérablement évolué. Tout à la gloire de ces équipages et de leurs commandants les Allemands oublient pendant quelques instants le retournement du sort de la guerre sur terre comme sur mer et dans les airs. La Luftwaffe a perdu depuis des mois la furieuse bataille d'Angleterre. Ces raids sur les villes britanniques n'ajoutent qu'à l'horreur de la guerre mais ils sont devenus inefficaces pour fixer dans le ciel anglais les avions de la Royal Air Force. Les

Lorient s'est, comme la plupart des villes de France, préparée à la guerre. Mais il n'était pas prévu que Dönitz y établirait la principale base de U Boote. Pour protéger des attaques aériennes des abris en béton on été construits un peu partout en ville. Ici sur le quai des Indes, deux énormes bunkers, rasés en 1982, serviront d'abris.

Mais lorsque Churchill décide de bombarder les ports de l'Atlantique et surtout Lorient, les abris sont en nombre insuffisant. Les bombes incendiaires embrasent la ville et les pompiers ne peuvent faire front.

techniques continuent d'évoluer. Le British Coastal Command dispose d'avions à plus long rayon d'action, mieux armés et désormais équipés du fameux radar qui permet de repérer tout objet flottant.

Les sous-marins, notamment les type IX, sont progressivement équipés du schnorchel, cette invention mise au point par le Dr Walter qui permet aux U Boote de naviguer aux diesels à une immersion de 12 mètres. Il est d'abord « plié » sur le pont du bateau et par la suite, sur les types XXI, il est intégré dans le massif. A Berlin, où on sous-évalue les effets du radar, le schnorchel est considéré comme un équipement accessoire. On veut bien étudier son installation sur les nouveaux modèles à sortir mais, dans l'urgence de la situation, il ne saurait être question d'immobiliser des U Boote que l'on estime indispensables à la mer.

Ce manque d'appréciation à sa juste mesure du danger que représente le radar va se révéler fatal à bon nombre de « loups gris » même si certains d'entre eux sont équipés de la *toile d'araignée*, le *Fumb*, un détecteur sommairement fixé sur la baignoire[4].

Grâce aux renseignements qu'ils obtiennent sur les sorties des bateaux, les Britanniques qui ont, également, pénétré les codes de la Kriegsmarine connaissent, à quelques milles nautiques près, la position de l'ennemi. Il suffit alors qu'un avion le repère au moment où il est en surface pour qu'en quelques secondes le combat soit livré. La plongée en catastrophe, seule échappatoire pour le U Boot, ne réussit pas toujours à le protéger des bombes larguées par l'avion qui bénéficie, lui, dès le premier assaut, d'un redoutable effet de surprise.

Les côtes françaises, elles-mêmes, ne sont plus aussi sûres.

Le 26 mars 1942, trois contre-torpilleurs, une canonnière, quelques vedettes lance-torpilles et quelques canots à moteur transportant plusieurs commandos quittent la baie de Falmouth. L'objectif n'est autre que la base de sous-marins de Saint-Nazaire. Le 27 mars, à 23 h 30, la Royal Air Force vient y effectuer un raid en bombardant, sans grands dommages, les installations portuaires. Le 28, à 0 h 30, les Anglais approchent du port et une heure plus tard, le contre-torpilleur *Campletown* est lancé contre la forme Joubert. Le navire est chargé d'explosifs programmés pour sauter le lendemain.

Quand le contre-torpilleur explose il endommage très sérieusement la porte de la forme et tue également de nombreux Allemands qui, ignorant qu'il est miné, sont montés à son bord pour l'inspecter.

Dans cette opération amphibie, la première sur les côtes françaises, sans commune mesure avec la tentative de débarquement de Dieppe d'août 1942 et encore moins avec l'opération Overlord du 6 juin 1944, les Britanniques ont perdu 170 hommes. Les dégâts causés sont facilement réparables et les pertes allemandes sont nettement inférieures à celles des assaillants.

Cependant, cette opération a un effet psychologique pour le moins inattendu.

Si les Anglais sont capables de monter un raid de cette nature sur Saint-Nazaire, ils peuvent le faire, a fortiori, avec d'autres ports pour objectif, naturellement Lorient, Kéroman et, bien entendu, le Kernével.

Le BDU Dönitz est instamment prié d'abandonner sa villa qui fait face à la base et il s'établit, avec tout son état-major, à Paris. Il plie bagages dès le lendemain pour ne revenir à Lorient qu'à quelques occasions, qui se feront de plus en plus rares, pour féliciter des équipages à un retour de croisière.

Depuis Paris, avant de partir pour Berlin, Dönitz va conduire les opérations de ses meutes.

C'est alors que se produit, le 12 septembre, la tragique affaire du *Laconia*. Ce paque-

Au petit matin, les soldats du feu finissent de noyer les dernières flammèches dans un mélange acre de vapeur et de poussière de cendres.

Chaque nuit plusieurs immeubles sont atteints et déjà les curieux se font moins nombreux. Certaines personnes préfèrent détourner leur regard de cette tragédie, pour épargner aux enfants la vision de la dure et horrible réalité de la guerre.

bot anglais de près de 20 000 tonneaux transporte plus de 2 700 passagers parmi lesquels 1 500 prisonniers italiens entassés à fond de cale, gardés par des soldats britanniques et polonais. Vers 22 heures, le U 156 de Werner Hartenstein qui suit le navire dans son périscope d'attaque donne l'ordre de lâcher deux torpilles qui atteignent leur cible. Le *Laconia* commence à sombrer tandis qu'à bord la panique s'empare des prisonniers italiens et des civils parmi lesquels des femmes et des enfants.

Quand Hartenstein s'en rend compte, il est bien sûr trop tard. Il se porte alors au secours des naufragés que menacent des centaines de requins blancs. Il envoie un télégramme au BDU pour réclamer de l'aide notamment celle du U 506 de Wüdermann, celle du U 507 de Schacht, de la « vache laitière » U 459, le ravitailleur avec lequel les trois U Boote ont rendez-vous et du sous marin italien *Cappellini*, qui croisent dans les parages.

Au risque de déséquilibrer son propre bateau, Hartenstein a recueilli à son bord, tant à l'intérieur que sur le pont, près de deux cents hommes, femmes et enfants. Il a, en remorque, cinq chaloupes chargées d'autant.

A la lecture du message, Dönitz demande des précisions sur le *Laconia*. Le paquebot est armé de deux canons de marine de 120 mm et de 12 canons antiaériens de 38 et 76 mm. Il est donc clair, pour lui, que Hartenstein avait le droit de l'attaquer. En revanche l'assistance aux naufragés pose un sérieux dilemme. Le U 156 s'expose dangereusement. L'amiral demande à Hartenstein de lui fournir des détails plus précis.

Pendant ce temps, l'équipage du U 156 continue de porter secours aux naufragés en redressant les canots renversés, en distribuant des couvertures, en servant du café. Mais l'ampleur de la tragédie le dépasse.

« *Il n'y aurait pas eu ces femmes et ces enfants,* confie Hartenstein à son second Mannesmann, *je ressentirais moins d'émotion. Les Italiens, même prisonniers, sont des soldats, après tout. Mais ces innocents, j'en garderai des remords toute ma vie.* » Répondant à Dönitz, le commandant du U 156 lui propose de demander une neutralisation diplomatique du lieu du naufrage.

L'effroyable tragédie qui se déroule sous ses yeux rend Hartenstein naïf. Dönitz n'ignore pas, en effet, qu'à une telle démarche les alliés opposeraient une fin de non-recevoir et que le U 156 serait localisé avec précision et pourrait faire l'objet d'une attaque. Il est évident que pour les Anglais comme pour les Américains couler un U Boot, fut-il chargé de naufragés de quelque pays qu'ils soient, c'est sauver des milliers d'autres vies, supprimer un ennemi et, peut-être gagner la guerre un peu plus tôt.

Dönitz n'effectue donc pas la démarche réclamée par Hartenstein mais décide de poursuivre les opérations de sauvetage et donne ordre aux U 506, U 507 et U 459 de se rendre sur les lieux du naufrage. Il demande à l'amiral Paronna d'y dépêcher le *Cappellini*.

D'autre part, les Français, prévenus, font appareiller du port de Dakar le croiseur *Gloire* et deux avisos le *Dumont d'Urville* et l'*Annamite*.

Les rues sont encombrées de gravats.

Hartenstein compte déjà plus de 600 rescapés quand le U 506 de Wüdermann arrive sur la zone. Il se met à couple avec le U 156 et embarque 132 prisonniers italiens. Hartenstein garde à son bord 55 Anglais, 55 Italiens et trois femmes. Plus loin Wüdermann recueille encore 9 femmes et 7 enfants et quitte la zone.

Schacht est arrivé à son tour. Il a recueilli 129 Italiens, l'officier en second du *Laconia*, 16 femmes et 18 enfants. De plus il a en remorque 7 canots transportant 330 civils britanniques.

Le 16 septembre, resté seul sur les lieux du naufrage et attendant encore des secours, le U 156 est survolé par un *Liberator* de l'US Air Force. Il revient une heure plus tard et, malgré les messages qui lui ont été adressés pour lui signaler qu'il y a des naufragés à bord du « loup gris », la soute est ouverte et deux bombes sont lâchées. Elles manquent leur cible. Les remous font chavirer un canot. Le quadrimoteur revient pour un second passage. Hartenstein fait rompre les amarres des canots qui partent à la dérive. Les deux bombes explosent près d'eux et en font voler un en éclats. Au troisième passage l'une des bombes frôle le U 156 à la hauteur du kiosque. La déflagration le couche à 45° et provoque des avaries. Les soutes vides, le *Liberator* rentre à sa base.

Furieux, Hartenstein fait évacuer tous les naufragés qui sont alors embarqués dans les chaloupes et ordonne de plonger à 80 mètres pour réparer les dégâts. Tout est remis en état au bout de quelques heures sauf le périscope d'attaque.

Quand les opérations de sauvetage sont totalement terminées, que le U 506 et le U 507 ont transbordé leurs naufragés sur le *Gloire* et sur l'*Annamite*, Dönitz diffuse alors l'ordre *Triton null* qu'il a rédigé après l'attaque du *Liberator* sur le U 156.

Il interdit désormais de tenter d'aider ou de secourir de quelque manière que ce soit les gens se trouvant à bord d'un navire torpillé.

Il concède que l'équipage du *Liberator* a bien fait d'attaquer le U 156 puisque c'est la guerre qui le veut ainsi. Pour les Anglo-Américains couler un U Boot est aussi vital que, pour les Allemands, de le garder intact, apte au combat.

Car à ce moment-là, la guerre est à un de ses multiples

Les immeubles éventrés créent une ambiance de désolation.

tournants qui, depuis Dunkerque, s'effectuent au bénéfice des alliés.

L'illusion que Hitler est un grand stratège s'étiole. Sa première faute avait été d'arrêter ses troupes devant Dunkerque à cause du souvenir que le caporal qu'il était durant la Grande Guerre avait gardé de cette région. Un souvenir de brume, de boue, de froid d'une région impraticable aux véhicules et un calvaire pour les fantassins. Un souvenir de fin d'automne alors que ses troupes approchaient Dunkerque à quelques jours de l'été. De plus, pour faire plaisir à son ami le gros Hermann, il veut que la Luftwaffe obtienne sa part de gloire dans la fulgurante campagne de France et il lui laisse le soin d'anéantir tout ce qui est à l'intérieur de cette poche. Mais la Luftwaffe a échoué. Près de trois cent mille hommes sont évacués.

Sa tentative de rebondir sur le plan diplomatique en proposant aux Anglais une cessation des hostilités ne dupe que le peuple allemand. Les officiers supérieurs de la Wehrmacht et notamment beaucoup de généraux ne se laissent pas abuser par cette volte-face. Quant à Churchill, il rejette sèchement cette offre faite avec une inconsciente arrogance.

Autre tournant majeur, le déclenchement de l'attaque contre l'URSS malgré les semaines de retard prises sur la date initialement prévue.

Impulsif, intuitif, illuminé, Hitler peut gagner des batailles sur des coups de chance mais en aucun cas une guerre qui nécessite, par sa durée, un solide sang-froid pour appliquer une stratégie habilement calculée et mise en œuvre avec cohérence. Autant dire tout ce dont cet esprit faible est totalement incapable. Dès 1942, la succession de revers le mine. Les signes de sa décrépitude mentale deviennent de plus en plus apparents face à une réalité qu'il refuse d'admettre : l'Allemagne ne peut plus gagner la guerre.

Dépouilles de Français et d'Allemands réunies dans les mêmes convois pour des inhumations dans les mêmes cimetières. Le nombre des morts se comptera par centaines. Mais les bombardements auront leur nécessaire justification : faire plier les U Boote.

L'Allemagne manque de certaines matières premières essentielles. L'allié nippon, avec ses sous-marins cargos, va la ravitailler. Ici le I 29 en rade de Lorient.

Il nomme des généraux, les limoge aussitôt, en sanction d'autres pour des échecs mineurs tandis qu'il conduit, par des initiatives prises en dépit du bon sens, des armées entières donc des hommes et tout son pays au désastre.

Parmi les rares officiers supérieurs à trouver encore grâce à ses yeux, Dönitz qu'il nomme vice-amiral d'escadre en même temps qu'il lui ordonne de s'installer à Berlin.

Dönitz est de ceux qui recommencent à croire à une victoire dans l'Atlantique qui changerait le cours de la guerre. Il compte pour cela sur les sous-marins ravitailleurs de type XXIV et sur les inventions techniques du Dr Walter. En attendant toujours le fameux schnorchel, Dönitz équipe ses bases et notamment celle de Lorient de ces sous-marins ravitailleurs qui peuvent fixer dans l'Atlantique des rendez-vous à trois ou quatre U Boote qui restent ainsi sur leur territoire de chasse.

En revanche, Dönitz continue d'attribuer en partie la précision des attaques anglaises sur ses « loups gris » à une haute trahison et persiste à sous-estimer qu'elle résulte essentiellement de l'utilisation du radar.

Les sous-marins ravitailleurs vont croiser au large des îles du Cap-Vert, de la Sierra Leone, dans la mer des Caraïbes pour des rendez-vous avec des U Boote qui ne rentrent à Lorient que pour des entretiens, de grosses réparations ou des carénages.

Cela suffit pour qu'à Lorient l'activité ne faiblisse à aucun moment et pour que les travaux de construction de Kéroman III soient menés à un rythme soutenu. Speer a pourtant dû abandonner, à contrecœur, la construction de Kéroman IV. En effet, Hitler, hanté par le souvenir de 1940, redoute un nouveau débarquement allié en Norvège. Il ordonne la construction d'une base de sous-marins à Bergen. Speer est d'un caractère identique à celui de Dönitz. Si absurde soit-elle, une idée « géniale » du Führer n'est jamais discutée.

Or pour les U Boote c'est la période de l'hécatombe qui s'annonce. Certes il en revient encore à Lorient, à Brest ou à Saint-Nazaire. Les retours se font plus discrets et à l'exception des hommes chargés de la surveillance du bateau et de son ravitaillement, les autres membres des équipages foncent à la gare pour monter dans le premier train en partance pour l'Allemagne via Paris.

Ils jettent à peine un regard sur les ruines calcinées de maisons ou d'immeubles éventrés par de récents bombardements de la RAF. Ils pensent à rejoindre au plus vite une ville d'Allemagne, elle-même soumise à des raids aériens, dans l'angoisse de ne plus y retrouver leur famille.

A Berlin, Dönitz croit encore qu'avec ses meutes il parviendra à étrangler l'Angleterre.

Durant leur séjour à Lorient, les alliés aux yeux bridés sont de toutes les cérémonies à commencer par celle de l'accueil des U Boote qui rentrent de croisière.

A Londres, Churchill sait qu'il dispose maintenant des moyens qui vont lui permettre, si ce n'est de les détruire, d'isoler les bases de sous-marins et de compromettre leur ravitaillement.

Il s'agit de lancer les bombardiers de la RAF pour écraser tout ce qui entoure ces bases et leur permet de vivre.

Ce danger n'est pas perçu comme il devrait l'être par les autorités de l'Etat Français et encore moins par les civils. Les habitants de Lorient ont suivi, sans effroi et avec délectation, les premiers raids qui ont fait peu de victimes et encore moins de morts. Quelques habitations et immeubles ont été atteints autour de la gare et quelques occupants ont malheureusement été ensevelis dans leur cave. Pour la plupart des témoins, pour tragique que cela soit, c'est la guerre et c'est le prix qu'il faut hélas payer pour que les Allemands connaissent enfin ce qu'est l'insécurité.

Une insécurité qui ne se limite pas à la ville et qui se présente sous une autre forme dans les campagnes avec des opérations que l'occupant qualifie d'actes de terrorisme contre les « riz-pain-sel » chargés d'assurer l'intendance pour les troupes et les travailleurs qui sont dans Lorient. Ces actions armées de la Résistance sont encore rares mais leurs effets sont déjà non négligeables puisqu'ils imposent aux Allemands et aux autorités de Vichy un déploiement de forces qui dégarnit d'autres secteurs. Ces coups de main de plus en plus audacieux, malgré parfois un armement des plus sommaires, fixent loin de leur base, des unités, des petits groupes de soldats qui se révèlent être ainsi très vulnérables.

Pour soutenir son effort de guerre, l'Allemagne a un besoin de main-d'œuvre de plus en plus pressant. Et notamment à Lorient où près de quinze mille ouvriers travaillent à l'édification de la base de Kéroman. Les histoires qui se racontent à leur sujet, les moins véraces seront les plus tenaces, prennent parfois un caractère fantastique. Histoires d'épouvante sur le sort d'ouvriers faméliques, broyés moralement et physiquement, par cette énorme machine. Il se dira que tandis que coulait le béton, ceux qui, par malheur, y faisaient une chute étaient abandonnés à leur triste sort et que des corps, dont le nombre ne cesse de croître au fil des récits, sont figés à jamais dans les murs de Kéroman.

La vérité est plus prosaïque. Les ouvriers employés par l'organisation Todt, quelle que soit leur origine, étaient normalement rémunérés comme ils l'auraient été par n'importe quelle entreprise de travaux publics. Ils n'étaient nullement réduits en esclavage et leurs conditions de travail correspondaient à celles en vigueur à l'époque. Sauf pour faute grave ou pour acte de sabotage, il y en eut, ceux qui se firent prendre subirent des sanctions et des sévices, quant aux autres ils connurent la relation normale entre l'employé et son employeur. L'organisation Todt ne pouvait se permettre de perdre, même pour maladie et à plus forte raison pour mauvais traitement, le moindre ouvrier. Il y eut bien évidemment, comme sur tout chantier de cette importance et compte tenu du rythme de travail qui était imposé, des accidents dont certains furent mortels. La proportion y fut sans doute

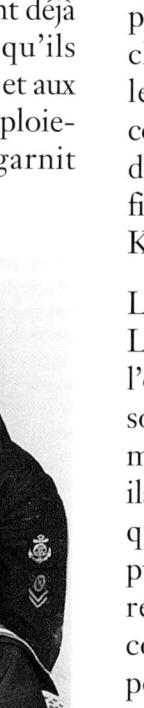

Pour montrer que l'amitié entre Japonais et Allemands est vraie à tous les échelons, les services de la propagande font poser les hommes d'équipage autour d'un accordéon.

plus élevée qu'ailleurs pour l'époque mais en aucun cas ce fut le résultat d'une volonté délibérée des employeurs.

Cette recherche de main-d'œuvre est à l'origine de la mise en place du système dit de la « relève » par le gouvernement de Vichy et par le ministre Speer. Elle est loin de produire les effets escomptés. Les Français ne sont pas dupes. La conséquence est la déportation de travailleurs qualifiés et d'ingénieurs.

A la fin de l'été 1942, il est décidé que six cents ouvriers et ingénieurs français de l'arsenal de Lorient iront travailler à Wesermüde en Allemagne.

L'ingénieur général Jacques Stosskopf est chargé d'en établir la liste, négociant avec les Allemands afin que le nombre soit réduit.

Pour que cet envoi traîne en longueur, il veut rencontrer un à un ceux qui ont été désignés et chaque fois qu'il le peut, il trouve le motif qui empêchera le départ de tel ou tel homme.

Lourdement suspecté d'être un collaborateur, issu de la cinquième colonne, Stosskopf, haï, est désigné à la vindicte populaire, ignorante du rôle capital qu'il remplit au sein du réseau Alliance. Il réussit à faire ramener le nombre des ouvriers déportés à Wesermüde à 246.

Il prend place dans le train qui, au mois d'octobre 1942, emmène à Wesermüde les ouvriers français qui y sont transférés.

Sur le quai de la gare, déjà fusent les cris « *A mort Stosskopf !* ».

L'inspection du pont du I 29.

Au début de 1943, les travaux de la base de Kéroman ne sont pas encore achevés. Pour ceux qui y travaillent, exception faite des Allemands, les nouvelles sont bonnes. La VIe armée de von Paulus est encerclée dans Stalingrad, les alliés ont débarqué en Afrique du Nord et combattent en Tunisie contre l'Afrika Korps.

Il vient toujours autant de sous-marins à Lorient mais, à de rares exceptions, ce ne sont plus les mêmes. Le U 123 est un habitué. Ce bateau de la 2e flottille, fut l'un des premiers à venir mouiller, durant l'été 40, dans les eaux du Scorff.

Avec Hardegen pour pacha, il est allé dans le port de New York et maintenant sous les ordres de von Schroeter il chasse à la hauteur de l'Equateur.

Au mois d'août 1942, les Lorientais ont pu voir de drôles de petits bonshommes en habit de marins. Trapus, les jambes courtes, les yeux bridés, ces marins sont l'équipage du sous-marin japonais I 30 venu livrer sa cargaison de produits de première nécessité, de métaux rares et d'optiques. D'autres sous-marins japonais viendront remplir la même mission.

Le I 30 est reparti comme il est arrivé, sans encombre.

Et dans les alvéoles de la base du Scorff et de Kéroman, quelques réparations sont effectuées avant de reprendre la mer.

Quatre jours après avoir rejoint Penang en Malaisie, qu'il avait atteint le 9 octobre, il est coulé.

Ces sous-mariniers japonais auront gardé de Lorient le souvenir d'un séjour agréable. La ville est pittoresque et la campagne environnante est verdoyante, charmante et douce. Leurs frères d'arme allemands les ont chaleureusement accueillis surtout lors des festivités organisées dans le château de Trevarez où ils ont scellé, à coups de schnaps et de saké, l'amitié germano-nipponne, l'alliance entre les deux empires et se sont convaincus que la victoire finale est proche. Ils s'en sont allés après avoir constaté que la vaillance des Allemands vaut la leur. Et le 9 octobre, ils emportent avec eux ces souvenirs de Lorient au fond de l'océan Pacifique.

A la fin du mois de décembre 1942, le grand amiral Raeder démissionne. Hitler nomme Dönitz à la tête de la Kriegsmarine pour opérer un changement de stratégie dans l'utilisation des navires. Cette décision intervient trop tard pour changer le cours de la bataille de l'Atlantique et celui de la guerre par conséquent.

Dönitz prend ses fonctions le 30 janvier 1943, dix ans jour pour jour après la prise de pouvoir par Hitler. Il obtient plus d'acier pour construire des U Boote et fait augmenter la production.

Mais les alliés se rendent de plus en plus aisément maîtres de l'Atlantique Nord. Pour combler les espaces laissés libres par l'aviation basée à terre, ils utilisent les porte-avions.

A Lorient, cette guerre est toujours aussi présente et au début de l'hiver 1943, la ville subit le commencement d'une série de raids aériens destinés à la détruire. La ville et les communes environnantes sont la cible des bombardiers anglais qui larguent des bombes explosives et surtout des incendiaires.

Ces raids s'étalent sur près d'un mois. Ils commencent au soir du 15 janvier. La veille, Churchill a donné l'ordre d'attaquer de nuit et avec tous les moyens disponibles pour dévaster totalement les zones dans lesquelles sont situées les bases de sous-marins et notamment celle de Lorient. Le bombardement du 15 janvier est le premier d'une série de sept dont le dernier a lieu le 17 février. Après le dernier raid, Lorient n'est plus qu'un amas de ruines fumantes. Quatre mille tonnes de bombes sont tombées sur la ville et sur les communes environnantes. On dénombre 230 morts. Une centaine dans Lorient, une trentaine à Keryado, une cinquantaine à Lanester et le reste dans les autres communes. Des morts qui s'ajoutent à ceux, victimes des attaques aériennes de jour qui se sont succédé tout au long du dernier trimestre de 1942 et qui ont causé des dégâts importants dans le centre-ville entièrement dévasté. Les survivants errent parmi les décombres des 3 500 immeubles détruits, dans l'espoir d'une évacuation à laquelle les Allemands finissent par consentir après plusieurs refus. L'ordre d'évacuation est signé le 3 février.

Seuls sont dans l'obligation de demeurer sur place ceux qui travaillent dans l'arsenal ou dans la base. En mai 1943, Kéroman III entre en service. La base est alors, à peu de chose près, ce qu'elle sera

Avant le retour dans l'océan Pacifique, dans le château de Trévarez, le banquet réunit Allemands et Japonais pour une ultime soirée en commun.

quand les Français en prendront possession à la reddition de la poche.

Quinze mille ouvriers de toutes origines, Français, Belges, Espagnols, Russes, Polonais, Tchèques, quelques Africains du Nord et même des Indochinois auront travaillé jour et nuit, pendant plus de deux ans, pour construire la plus gigantesque forteresse conçue sous le Troisième Reich.

Quand le chantier approche de sa fin et que les Allemands renoncent à construire Kéroman IV, la base de sous-marins abrite deux escadrilles, la 2e avec ses 87 bateaux et la 10e qui en compte 81.

Au cours des bombardements, les Anglais ont expérimenté une nouvelle bombe. Elle pèse six tonnes et a été spécialement conçue par les ingénieurs britanniques pour percer la toiture de Kéroman III. Le résultat escompté est

Les chances de revenir de croisière se réduisent considérablement. Les Anglais et les Américains reconquièrent peu à peu la maîtrise de l'Atlantique et les équipages qui disparaissent en mer emportent avec eux la mascotte du bord.

presque atteint mais la charge demeure insuffisante. La déflagration provoque un énorme entonnoir dans le béton mais elle ne parvient pas à le traverser. Parce que le poids de six tonnes est celui maximum que peut emporter un avion, les alliés renoncent à détruire les bunkers de Kéroman.

En chassant la population les alliés ont réussi à créer un no man's land.

Mais Anglais et Américains mobilisent surtout leurs forces pour vaincre définitivement la Kriegsmarine dans l'Atlantique, là où se trouve véritablement le champ de bataille. Le nombre de U Boote coulé ne cesse d'augmenter. Il atteint son apogée au mois de mai 1943, au cours duquel la Kriegsmarine perd 41 sous-marins et 2 000 hommes.

C'est le « Stalingrad » des « loups gris ». Et ce n'est que le commencement.

Dans les mois qui suivent, l'espérance de vie d'un U Boot et de son équipage n'excède pas deux à trois semaines, même dans le golfe de Gascogne pourtant encore bien protégé.

Dönitz et Speer ont adopté un programme de construction d'un véritable sous-marin, le type XXI, capable de naviguer en plongée grâce au schnorchel enfin monté en série. Il est plus rapide, 18 nœuds en plongée, sa profondeur d'immersion est plus grande, sa capacité en plongée est plus grande et il peut plus facilement échapper aux recherches.

Il emporte vingt-deux torpilles Fat et Lut qui ont des trajectoires coudées avec parcours résiduel sinueux. Lâchées par gerbes de quatre dans un convoi, elles finissaient par atteindre un but. Véritable sous-marin, il n'est plus armé du fameux canon de 105 « USKC 32U ». Hitler a donné son feu vert. Mais on ne verra aucun de ces sous-marins à Lorient car leur mise en service intervient trop tard.

Pour mettre fin à cette hécatombe Dönitz ordonne de retirer de l'Atlantique les U Boote qui y sont encore en activité. Mais il doit revenir sur cette décision. Il renvoie ses chers « fils » sur l'océan pour contraindre les alliés à reformer des convois qui leur font perdre du temps. En effet, il leur faut attendre que tous les bateaux soient chargés pour qu'ils appareillent en même temps. De plus, ils font route à la vitesse du moins rapide d'entre eux. L'Allemagne est désormais réduite à gagner du temps.

D'autre part, Hitler et Gœbbels qui se méfient des militaires de carrière décident de désigner, dans chaque unité, un officier national-socialiste chargé de relayer la propagande officielle et de dénoncer ceux qui se montrent irrespectueux à l'égard du Führer et des dignitaires du nazisme ou qui tiennent des propos défaitistes.

Dönitz laisse libre les équipages de choisir leur N-S. Of. Ce qui est fait, pour la forme, sans la moindre intervention du parti. A bord de chaque U Boot on tourne cette disposition en dérision.

Car confrontés à un danger de plus en plus grand et permanent, les sous-mariniers qui voient leur capital de chance se réduire comme peau de chagrin, ne sont guère réceptifs à la propagande. Les exemples d'écarts de langage ou de provocation, les impertinences, foisonnent, plus encore dans cette arme que dans les autres. Les menaces que font courir la Feldgendarmerie ou la gestapo sont insignifiantes à côté de celles qui pèsent sur eux à chaque sortie en mer.

En octobre 1943, le commandant Teddy Suhren rentre à Lorient après plusieurs semaines de croisière. Dans Kéroman III c'est l'accueil traditionnel avant les congratulations et les félicitations.

Quand la fanfare cesse de jouer, dans le porte-voix qu'il tient à la main, Suhren hurle : « *Les nazis sont-ils encore au gouvernail ?* » Les visages se figent de terreur. Le seul fait d'être témoin d'une telle audace terrorise l'assistance et les moins courageux s'éclipsent déjà discrètement. Suhren comprend, que hélas « *les nazis sont encore au gouvernail* ».

Le lendemain Suhren est dans le train qui l'emmène en permission. Le convoi s'arrête dans une gare et le commandant de U Boot descend pour aller s'acheter une boisson. Sur le quai, un feldgendarme lui fait remarquer qu'il ne porte pas sa casquette. Suhren le toise avec mépris : « *Et qu'est-ce que ça peut faire ?* » Le feldgendarme, habitué à ce que l'on s'incline devant son autorité, est abasourdi. Il ne peut que répliquer, comme pour s'excuser : « *Mais nous sommes en guerre.* » Alors paraphrasant Guillaume II la veille de la signature de l'armistice de 1918, Suhren assène au feldgendarme : « *Cette guerre-là, je ne l'ai pas voulue.* »

Suhren ne reviendra qu'une seule fois à Lorient pour y reprendre la mer avec son U Boot et pour continuer cette guerre qu'il n'a pas voulue. Comme ne l'ont pas voulue des millions d'hommes, de femmes et d'enfants. Comme ne l'ont pas voulue les Lorientais dont la ville est devenue la plus importante base de U Boote.

Au moment du débarquement du 6 juin 1944, l'activité à Kéroman a déjà diminué. Les

Plus pour longtemps, le cœur y est, en 1942, pour célébrer la Nativité. Pour ces hommes, encore bien jeunes, c'est le dernier Noël.

travaux ont cessé et la noria des U Boote décline régulièrement.

Les « loups gris » ont tous été envoyés en Manche pour attaquer les convois alliés. Hitler a ordonné à Dönitz de tout mettre en œuvre pour arrêter le déferlement sur la Normandie des unités alliées et leur ravitaillement y compris par des opérations suicide qui consistent à jeter les sous-marins contre les navires anglais ou américains. « *La meilleure solution est que les équipages disparaissent aussi.* » ajoute-t-il. Dönitz, pour la première fois, désobéit à Hitler. Il recule de trois pas, se met au garde à vous et d'un ton ferme, lui déclare : « *Je ne peux donner un tel ordre, mein führer.* » Il refuse de transmettre cette instruction. Elle est d'ailleurs tout à fait superflue. Les alliés sont suffisamment forts pour tenir à distance les « loups gris » et sur les vingt-cinq envoyés dans la Manche, seuls cinq, dont le U 55 qui parvient à revenir à Lorient, en réchapperont. Les vingt autres sont coulés entre le 6 et le 30 juin. L'hécatombe se poursuivra en juillet.

Le 12 juin, la majeure partie du personnel technique, la Kriegsmarine est évacuée sur Strasbourg et le 8 juillet, ceux qui restent à Lorient prennent la mer pour être débarqués à proximité de la base aérienne de Cognac d'où ils partent par avion pour l'Allemagne.

Ce départ qu'il aurait tant aimé voir, un homme n'est plus là pour y assister.

Le 21 février 1944, la gestapo a fini par arrêter Jacques Stosskopf. Le renseignement est venu d'un membre du réseau Alliance qui, cédant sous la torture, a livré des noms dont celui de Stosskopf.

L'ingénieur est transféré à Vannes, puis à Rennes, Compiègne et enfin au camp de Schirmeck où il est interné.

Parmi les personnels de l'arsenal et la population lorientaise beaucoup pensent que son brusque départ est lié à

Des temps glorieux, il ne reste que des photos souvenirs prises sur le « jardin d'hiver ».

une brillante promotion à la direction de la base de Kiel, en reconnaissance des services rendus à la Kriegsmarine et les rares personnes à savoir que sa disparition fait suite à son arrestation par la gestapo ne peuvent que se taire.

Dans la nuit du 1er au 2 septembre 1944, en compagnie d'autres membres du réseau Alliance, Stosskopf est fusillé au camp du Struthoff.

Il ignore que les U Boote de la 2e flottille ont quitté Lorient pour Bergen en Norvège, que la 10e flottille a été dissoute, que Lorient n'a pas été libérée et que s'y est formée une poche.

Trois U Boote sont encore dans la base, le U 129 en grand carénage et qui est complètement démonté, le U 123 dans l'attente d'être équipé d'un schnorchel et le U 55 de Ludwig Ferdinand von Friedenburg, revenu de la Manche, qui s'apprête à appareiller pour Bergen.

L'équipage du U 123 et son commandant, Horst von Schroeter, est à Bergen où il vient de prendre possession d'un des derniers modèles de U Boot, le U 2506, un type XXI.

En ces derniers mois de 1944, Lorient et les communes environnantes forment la poche autour de la forteresse qu'est la base de Kéroman.

Les G.I.'s de la 4e division blindée ont raté de peu leur entrée dans la ville, le 7 août, alors qu'arrivant depuis Quéven ils se sont arrêtés à portée

Depuis des mois le temps n'est plus à recueillir les naufragés qui sont abandonnés à leur sort.

de canon d'une batterie installée à Keryado, un faubourg nord de la ville. Les combats qui se déroulent à Keruisseau, entre Pont-Scorff et Quéven, firent 37 morts et 85 blessés.

La veille, la RAF a tenté de détruite KIII en lâchant sur le toit une bombe de six tonnes, la charge maximum que peut emporter un bombardier. L'engin atteint sa cible mais ne parvient pas à percer toutes les chambres d'éclatement. Pourtant l'entonnoir qu'elle a creusé est gigantesque et il ne s'en est fallu que de quelques centimètres pour qu'elle perfore le toit.

La résistance allemande s'organise, elle surprend les assaillants et repousse toutes les attaques ainsi que les offres d'une reddition honorable.

Dans la base de Kéroman, la vie s'organise à l'abri des tirs d'artillerie de la 94e division d'infanterie qui a pris position autour de la poche de Lorient.

Dans l'épais béton des immenses bunkers, les impacts des obus de 155 mm ne provoquent que de légères égratignures. Si le ravitaillement des hommes est de plus en plus aléatoire, ils se sentent, en revanche, en sécurité et disposent en carburant et en armement de quoi tenir pendant plusieurs mois. Les pertes sont légères, d'autant que les Américains bombardent la poche à heures fixes et qu'entre deux tirs d'artillerie, les assiégés sortent à l'air libre pour se détendre, jouer au ballon, fumer une cigarette ou effectuer les corvées.

Le U 129 est laissé à l'abandon et le U 123, à sec dans un alvéole de K I, est en parfait état.

Depuis le début du mois de septembre 1944, Kéroman a perdu sa vocation de base de sous-marins et pourtant près de vingt-cinq mille hommes s'y cramponnent sous les ordres du général Wilhelm Farhmbacher. Il y a même créé une école d'infanterie avec la formation pour les officiers, les sous-officiers et les fusiliers voltigeurs. Il y intègre les éléments de la Kriegsmarine et ceux de la Luftwaffe qui ne sont plus indispensables pour assurer le trafic aérien entre Lann Bihoué et l'Allemagne et qui se poursuivra pourtant jusqu'au 8 mai 1945. Parmi ces soldats se trouvent quelque 2 000 Russes blancs et près de 300 Tchèques et Polonais. Et à mesure que le temps s'écoule ils sont de plus en plus nombreux à penser que leur résistance est sans objet. Malgré cela le général Farhmbacher tient bien ses troupes et le moindre signe de faiblesse ou de défaitisme est durement réprimé.

La défense de la poche de Lorient s'articule autour d'une artillerie puissante et redoutable. D'abord une forte DCA qui exclut toute opération aérienne à basse altitude pour appuyer des actions menées par les troupes au sol. Ensuite par des batteries de campagne bien protégées qui peuvent couvrir un large front et enfin par cette pièce de 340 mm installée à Plouharnel et qui porte à plus de 40 km. D'ailleurs, le 16 février 1945, elle bombardera Vannes, tuant six personnes.

De l'autre côté de la ligne de front qui va de la Laïta jusqu'à la presqu'île de Quiberon englobée dans la poche, Français et Américains tentent régulièrement des coups de main.

Les cérémonieuses remises de décorations par Dönitz appartiennent au passé. Endrass qui est fait chevalier a disparu en Méditerranée.

Partie pour les Ardennes, la 94ᵉ D.I., a été relevée par la 66ᵉ D.I. diminuée en hommes et en matériel après le torpillage du *Léopoldville* en rade de Cherbourg. Huit cents hommes ont péri, le soir de Noël dans le naufrage de ce paquebot belge saisi par la Royal Navy. Car dans la Manche, quelques rares « loups gris » livrent encore d'ultimes combats. Quand ils le peuvent, ils regagnent leur base de Bergen ou de Kiel ou encore Wilhelmshafen.

Mais la lutte est devenue bien inégale et les souvenirs liés à Lorient, pour ceux qui en ont réchappé, sont devenus bien lointains.

Le 30 avril 1945, Hitler se suicide, entraînant dans la mort Eva Braun qu'il avait épousée la veille. A l'annonce de ce mariage, un commandant de U Boot, Horst von Schroeter qui était souvent passé par Lorient et qui était alors en poste à Bergen ne peut se retenir d'ironiser : « *Quel coup de propagande ! Le prénom est celui de la première femme et son nom est celui de la couleur de la chemise des nazis. Jusqu'au bout il se moquera de nous.* »

Avant de mourir, Hitler a nommé à la tête du Reich, le Grand Amiral Karl Dönitz. Un éclair de lucidité de la part du führer qui sait que ni Gœring, ni Himmler qui l'ont déjà trahi pour tenter de sauver leur peau, ni von Ribbentrop, ni Keitel ne seront considérés comme de bons interlocuteurs par les alliés.

Les moteurs sont usés autant que les hommes.

Dans les faits, Dönitz ne l'est pas plus, même s'il prend au sérieux cette nomination et le rôle qu'elle lui confère. Il se retrouve à la tête d'une Allemagne qui a cessé d'exister. Les réunions quotidiennes du cabinet sont aussi inutiles que ridicules. Mais Dönitz se prend au jeu. Enfin, le 7 mai 1945, il ordonne la capitulation sans condition. Mais certaines armées ne lui obéissent pas et poursuivent les combats.

Les sous-mariniers, eux, obéissent à celui qui fut le « lion de Kervénel ». Ils cessent les hostilités. Le 8 mai 1945, Farhmbacher accepte de se rendre et le 10, à Caudan, il tend son arme au général Kramer, commandant la 66ᵉ D.I. et au général Borgnis-Desbordes, commandant les troupes françaises de la poche de Lorient. La reddition se déroule dans une prairie, devant les troupes françaises et américaines qui font leur entrée dans Lorient moins d'une heure plus tard.

Une dizaine de jours s'écoule encore avant que Dönitz ne soit arrêté. Il sera sur le banc des accusés au procès de Nuremberg pour y répondre, à cause de l'ordre « Triton Null », de crimes de guerre. L'amiral américain Nimitz viendra à la barre pour témoigner en sa faveur. Dönitz sera condamné à dix ans de forteresse qu'il passera dans la prison de Spandau, un faubourg de Berlin.

La période allemande de la base de Kéroman est achevée.

Des milliers d'hommes y sont passés ou y ont séjourné. Certains pour une heure ou deux seulement, le temps d'embarquer à bord de leur U Boot pour prendre la mer et n'en jamais revenir. La majeure partie des 40 000 sous-mariniers allemands est venue à Lorient, affectés aux deux flottilles ou encore membres d'équipages des U Boote admis en carénage ou en réparation.

Sur ces quarante mille hommes, trente mille ont péri. C'est la plus forte proportion de pertes de toutes les armes pendant la IIᵉ Guerre Mondiale.

L'ancien commandant du U 123, Horst von Schroeter, l'un des rares officiers survivants, explique : « *Nous étions tous volontaires, au début. Officiers de carrière nous avions choisi l'arme qui se battait de la manière la plus incisive. Les sous-mariniers ont tout le temps fait la guerre.* » Tous volontaires, ou presque tous, tous très jeunes, à peine sortis de l'adolescence y compris parmi les officiers. Horst von Schroeter n'a que vingt ans quand il

Pour le chef mécanicien, la tâche est de plus en plus rude. Il faut réparer le plus urgent à bord car Lorient devient de plus en plus inaccessible.

Les Allemands abandonnent la plus importante construction réalisée par le IIIe Reich pendant la guerre.

embarque, sous les ordres de Karl-Heinz Mœhle à bord du U 123, vingt-et-un ans quand il est, sous les ordres de Reinhard Hardegen, le premier officier en second et vingt-trois quand il prend lui-même le commandement du U 123. Il est attaché au bateau et tout autant à l'équipage. Il ne veut quitter ni l'un ni l'autre et quand il est nommé instructeur à Flensburg il demande audience à Dönitz. « *Pourquoi me nomme-t-on à Flensburg ?* » demande-t-il au « lion du Kervénel ». « *Parce que vous êtes un des meilleurs que nous ayons pour instruire les jeunes officiers.* » lui répond le BDU. « *Amiral, je ne pourrai pas supporter de rester à terre dans l'attente de la nouvelle que mon bateau a été coulé et que mes hommes ont disparu avec lui. Je demande à rester avec eux et à garder mon commandement.* » Dönitz est touché par ce langage. Il aime bien von Schroeter et sait qu'en lui accordant la faveur qu'il lui demande il n'y a pratiquement aucune chance qu'il le revoit, un jour, vivant. Von Schroeter ne quittera jamais son équipage. Cette attitude témoigne de l'état d'esprit dans lequel les sous-mariniers firent cette guerre et participèrent à la plus longue et la plus meurtrière des batailles. Leur « Stalingrad » s'étend sur des millions de kilomètres carrés et il a duré un mois, ce fameux mois de mai 1943, durant lequel deux mille d'entre eux disparurent avec une quarantaine de U Boote. La paix revenue, par leur courage ils ont forcé l'admiration des sous-mariniers de toutes les marines du monde. Plus de cinquante ans après, il arrive d'entendre des sous-mariniers faire encore leurs, les règles de discipline que Schepke avait instaurée à bord du U 100. Parmi eux bien peu nombreux furent des nazis convaincus. Reinhard Hardegen, le deuxième commandant du U 123, entrait dans une violente colère quand il entendait à la radio le pacha d'un destroyer américain annoncer qu'il allait couler « *un sous-marin nazi avec son salaud de commandant nazi !* » « *J'avais envie de lui hurler que j'étais le commandant allemand d'un sous-marin allemand* ». s'emporte Hardegen.

La France prend possession de Kéroman

La base s'ouvre aux vainqueurs qui commencent à faire le tour de cette monumentale prise de guerre à peu près intacte. Seules les armes ont été détruites et du matériel a été soudé au chalumeau pour être rendu inutilisable.

Tous les alvéoles sont encore équipés de leurs deux ponts roulants de 5 t et K 23 et K 24 ont chacun, en plus, un pont de 30 t. Les magasins sont remplis de pièces de rechange, de moteurs neufs, de périscopes et de matériels divers ultérieurement vendus au ferrailleur voisin.

Dans cet immense bric à brac, les ingénieurs français décou-

Quand les Français prennent possession de la base de Kéroman, l'outil est presque intégralement en état de fonctionner. Le site est unique car cette base est la seule à ne pas être intégrée dans le port militaire pourtant très proche. Elle est entièrement isolée géographiquement et par sa destination puisqu'elle n'est conçue que pour les sous-marins.

vrent des machines qui sont encore en parfait état de marche. Toute refonte du U 129 est impossible. Il est condamné à la ferraille. En revanche le U 123 est en excellent état. Certes les pistons des moteurs ont été soudés mais leur remise en route est relativement facile. La décision est prise de le refondre et de lui donner le nom de *Commandant Blaison*.

A trois cents kilomètres de là, au camp de la Mulsane, près du Mans, Horst von Schroeter, son dernier commandant, fait prisonnier par les Anglais à Bergen, remis à la France, refuse de s'engager dans la Légion Etrangère et attend que les autorités françaises statuent sur son sort. Il ignore que ce bateau sur lequel il a passé quatre ans de guerre va reprendre la mer et naviguer encore jusqu'en 1957.

En prenant possession de Kéroman, la Marine Nationale s'empare d'un outil remarquable qu'il n'est pas question de laisser à l'abandon. De toutes les bases saisies, celle de Lorient est la plus complète pour accueillir les sous-marins saisis aux Allemands, cédés par les Britanniques ou construits avant la guerre et récupérés par les forces navales françaises.

Quelques semaines seulement suffisent à remettre en état de marche cet outil.

La décision de redémarrer l'activité des bases de sous-marins, dont celle de Kéroman, est prise le 19 mai 1945. Un centre de sous-marins est constitué dans chacune d'entre elles. Il est placé sous le commandement d'un officier relevant du commandant de la Marine locale. Bien que le personnel qualifié ne soit pas encore en place et qu'il n'y ait point été nommé d'ingénieur du génie maritime, une note prescrit à Lorient-Kéroman d'être prêt, à partir du 1er août, à ouvrir deux chantiers pour la réparation de sous-marins.

Et le 31 juillet, le *Curie*, un sous-marin anglais prêté aux Forces navales Françaises Libres, arrive à Lorient pour un grand carénage. Le premier d'après la guerre.

Il est suivi, une quinzaine de jours après, de l'*Atalante*, construit en 1932 mais compte tenu de l'état dans lequel se trouve le bateau, les ingénieurs préfèrent ne pas y toucher.

A la mi-octobre, les membres de l'état-major général de la Marine Nationale viennent

M. Joannès Dupraz, secrétaire d'état, chargé de la Marine vient inspecter, en 1948, la base de Kéroman. Il est accompagné de l'amiral Barthe et de l'ingénieur général Kahn. Kéroman est un centre de réparation et d'entretien des sous-marins.

visiter la base de Kéroman. Ils sont fortement impressionnés par cet ensemble gigantesque de bunkers et le commandant de la base de Saint-Nazaire, le capitaine de frégate Lecreux, l'est tout autant qu'eux.

Quelques jours suffisent aux membres de l'état-major pour comprendre le parti que la Marine Nationale peut tirer d'un tel outil et le 24 octobre est créée la base militaire de Kéroman, définitivement constituée le 5 décembre.

Le lieutenant de vaisseau Briand qui en assume le commandement est chargé de cette création dont dépendent le centre de sous-marins, le centre de dragage, les dragueurs capturés aux Allemands, les bâtiments non autonomes. Tout, y compris la remise en état de KI, doit être prêt au 1er janvier 1946. En quelques mois, Kéroman a retrouvé sa vocation qu'une nouvelle note vient confirmer. Il s'agit d'armer les six U Boote allemands pris à la Libération. Le U 123, bien sûr, mais également le U 2518 qui devient le *Roland Morillot*, le U 510, saisi à Saint-Nazaire, baptisé le *Bouan*, le U 471, capturé à Toulon qui sera le *Millé*, le U 766, pris à La Rochelle et reçoit le nom de *Laubie* et le U 2326.

Pour remettre en état ces prises de guerre il suffit de racheter au ferrailleur les pièces qui sont nécessaires. Il saura réaliser une très bonne affaire en revendant ces pièces au prix fort.

Le 17 janvier 1946, le capitaine de frégate Lecreux prend le commandement de la base de Kéroman. Juste à temps pour présider au départ du *Curie* qui achève ses essais et appareille pour La Pallice.

Au mois d'avril, le ministre des Armées décide que Lorient sera le port d'armement du Bouan (U 510), du Blaison (U 123), du Laubie (U 766) et du Millé (U 471). Le Roland Morillot (U 2518) et le U 2326 sont affectés à Toulon.

Le 6 juillet, sous un ciel qui s'est drapé de gris pour la circonstance, devant les hautes autorités de la Marine Nationale et en présence du ministre de la Marine, se déroule une émouvante cérémonie. En fond, la masse de KI et le slipway servent de décors. Devant sa veuve et ses deux enfants, le nom de Jacques Stosskopf est donné à

Refondu, l'ancien U 123 a repris la mer. Il s'appelle le commandant Blaison.

Un ancien type VIIC, capturé également à la Libération, prend le nom de Millé pour servir sous le drapeau tricolore.

la base de Kéroman. C'est bien plus qu'un vibrant hommage qui est rendu, là, au courage de l'Ingénieur Général, promu Commandeur dans l'ordre national de la Légion d'Honneur à titre posthume. C'est surtout la réhabilitation publique de cet homme qui fut tant haï et qui en avait tant souffert. De cet homme qui avait su, avec discernement, composer entre sa fonction et son engagement dans la Résistance. Les renseignements qu'il transmit aux Anglais furent des plus précieux, tout comme fut précieuse cette lenteur qu'il organisa pour la réalisation de certains travaux et qui eurent pour résultat que certains bâtiments ne furent achevés qu'après la guerre. Peu ou prou, il avait réussi à mystifier les officiers de la Kriegsmarine qui ne virent pas en lui un ennemi du Reich. Et ses compatriotes ne virent en lui qu'un collaborateur. C'est le prix à payer du combat clandestin qui a ses règles au premier rang desquelles figure, bien évidemment, celle du silence. Pour épargner les siens, pour tenter de sauver ses compagnons du réseau Alliance, il s'est conformé en tous points à ces règles et son extraordinaire courage ne sera connu qu'après son assassinat.

Et cette base contre laquelle il a œuvré en tentant par ses maigres moyens de ralentir la construction se met à revivre sous les trois couleurs du drapeau français qui, en glissant, dévoilent la plaque fixée au mur de KI et qui porte son nom.

La base de Kéroman constitue un véritable décor changeant sous les variations de la lumière ou selon les saisons.

Pour remplacer les anciens U Boote ou les sous-marins prêtés par la Royal Navy, la France produit les premiers bateaux de la série Narval. Ils ressemblent aux types XXI.

Au mois de novembre 1946, deux types XXI, le *Roland Morillot* et l'ex U 2326 appareillent de Lorient pour rejoindre Toulon leur nouveau port d'affectation. Ils font route sur Gibraltar, traversant le golfe de Gascogne, croisant au large de Vigo et des côtes du Portugal. Ils franchissent le détroit et pénètrent en Méditerranée sous une violente tempête. Le *Roland Morillot* s'abrite dans un port espagnol. En revanche dans les éléments déchaînés et sans qu'on en connaisse la cause, le U 2326 disparaît, corps et biens, en quelques minutes. C'est la première tragédie de l'arme sous-marine d'après-guerre.

Le 16 janvier 1947, le *Blaison* quitte Lorient pour Casablanca. Il a gardé la silhouette allongée en forme de fin cigare du U 123 dont les appareillages avaient été si souvent annoncés aux Anglais par Jacques Stosskopf. L'ancien U 123 reprend la mer, cette fois pour sa première mission en temps de paix. Equipé d'un schnorchel, il sort de son alvéole qui résonne de voix qui s'expriment en français. L'équipage vit à bord dans les mêmes conditions que vécurent ceux de Hardegen ou de von Schroeter sans éprouver cette angoisse qui noue l'estomac. Certes les hommes ressentent cette appréhension commune à tout appareillage d'un sous-marin mais elle fait presque partie de la routine et en quelques minutes chacun a trouvé sa place et la précision des gestes.

Le *Blaison* fait désormais partie de l'une des deux escadrilles de sous-marins, l'autre est basée à Brest, réunies au sein de la Flottille de sous-marins de l'Atlantique créée dans les premiers jours de janvier.

Pour tout casernement, les sous-mariniers ont, à Lorient, un ancien voilier école de la Kriegsmarine, le *Grande Duchesse Elisabeth* qui vient d'être rebaptisé *Duchesse Anne*.

Le bâtiment a été remorqué depuis Brest et il est à quai

près de la base. La vie qui s'organise peu à peu dans Kéroman prend un nouvel état d'esprit, celui-ci fera bientôt dire que Kéroman c'est le « village ».

Les hommes sont encore peu nombreux certes mais déjà tout le monde se connaît. Hommes d'équipage, mécaniciens à terre et ouvriers de la DCAN vivent de plus en plus dans un monde à part. Car la base de Kéroman, exclusivement destinée aux sous-marins, est unique dans les

Pierre Messmer, alors ministre des armées, inspecte la base de Kéroman en mai 1962. Il est accompagné de l'amiral Cabanier.

ports de la Marine Nationale. Tout ceux qui font partie de la « sous-marinade » s'y sentent chez eux bien plus qu'à Brest ou à Toulon. Ils partagent entre eux leur même passion pour le même type de bateau mais ils n'ont pas à partager avec ceux qui ne font pas partie de la confrérie.

Parce qu'ici l'erreur ne pardonne pas, les rapports sont fondés sur un langage commun, sur la même vigilance, sur une confiance absolue. Civils et militaires travaillent dans une entente parfaite, une véritable complicité et, si comme ailleurs, la discipline et l'autorité de la hiérarchie sont présentes, elles n'y sont point pesantes. Dans les alvéoles on se tutoie plus qu'on ne se vouvoie, on se serre la main plus qu'on ne se salue et autour des sous-marins il se vit plus le sentiment de fraternité d'une élite que celui d'appartenir à une arme toute entière ou à une entreprise d'Etat. Kéroman se découvre une âme.

Durant les dernières années 40, la réorganisation de la Marine Nationale n'est pas encore clairement définie. La Guerre Froide n'en est qu'à ses débuts mais la nature des menaces est encore imprécise. Cependant la priorité est donnée à Toulon et sa remise en état de marche.

A la fin de l'année 1948, l'escadrille des sous-marins de l'Atlantique est dissoute.

L'entretien et la réparation sont pourtant maintenus à Lorient et à Brest. Puis à Lorient seulement dont le centre de sous-marins aurait dû accueillir la 2e escadrille de sous-marins formée aussi bien d'ex-allemands que de bateaux français. A cette date tous les sous-marins partent pour Toulon.

De la base de Kéroman sont déjà sortis, après refonte ou grand carénage, plusieurs bateaux. Le *Curie*, la *Blaison*, le *Roland Morillot*, le *Laubie*, le *Millé* et la *Créole* sont les premiers d'une longue série d'Indisponibilité Périodique pour Entretien et Réparations (IPER).

Chaque sous-marin a sa petite histoire. Celle de la *Créole* est parmi les plus étranges et il s'agit d'une pure légende.

Mis en chantier en décembre 1937, ce type *Aurore* est lancé le 8 juin 1940 au Chantier Normand où il a été construit. Il reste là pendant toute la guerre et est lancé à nouveau le 8 mai 1946 date de son entrée en service. Pendant toute le période où il était à quai, des rats ont élu domicile dans le sous-marin et s'y trouvent fort bien installés. L'équipage quant à lui n'est pas enchanté de partager cette promiscuité. Tout est donc mis en œuvre pour se débarrasser de ces passagers clandestins et indésirables. Rien n'y fait.

La légende dit que les rats n'abandonnèrent la *Créole* que lorsqu'elle fut désarmée et qu'ils n'adoptèrent pas d'autre sous-marin.

La réalité est bien différente et s'il y eut des rats à bord de la *Créole* comme on pouvait aussi bien trouver des cafards à bord d'autres bateaux, il n'est rien de plus facile, au contraire des bâtiments de surface, que de se débarrasser des intrus à bord d'un sous-marin. Il suffit d'évacuer l'équipage, de fermer tous les panneaux et de gazer ensuite. Au bout d'une douzaine d'heures, le sous-marin étant parfaitement étanche, il n'y a plus de survivant.

En 1953, le centre de sous-marins de Lorient retrouve son appellation de base de sous-marins sans pour autant y accueillir une escadrille.

Il faudra attendre 1957 pour que l'un des anciens U Boote, le *Roland Morillot* vienne à Lorient pendant quelques mois avant son avant-dernière IPER.

Le 1er janvier 1958 la 2e escadrille est à nouveau créée. Elle ne comprend qu'un seul sous-marin la *Créole*.

Entre temps le *Blaison*, l'ancien U 123, a achevé sa longue carrière commencée en 1940. Il est sorti d'IPER en juillet 1955. Après les essais il a regagné Toulon et la 1re escadrille à laquelle il est affecté depuis sa refonte. Un jour on constate une usure anormale de l'antifriction des moteurs.

Le système est désintégré. Un ingénieur part de Kéroman pour Toulon. Il fait procéder à une analyse du métal pour tenter de trouver l'origine de cette avarie au demeurant peu commune.

Le *Blaison* est alors mis en cale-sèche et ausculté sous toutes les soudures. On découvre alors que la coque du bateau a subi d'importantes déformations dues au grand âge du bâtiment marqué par presque cinq années de guerre, une dizaine d'années de navigation et d'exercices et de sérieux grenadages. Pour solides qu'aient pu être ces U Boote de type IXB c'en est trop. Les moteurs n'étaient plus parfaitement dans l'axe d'où cette usure anormale.

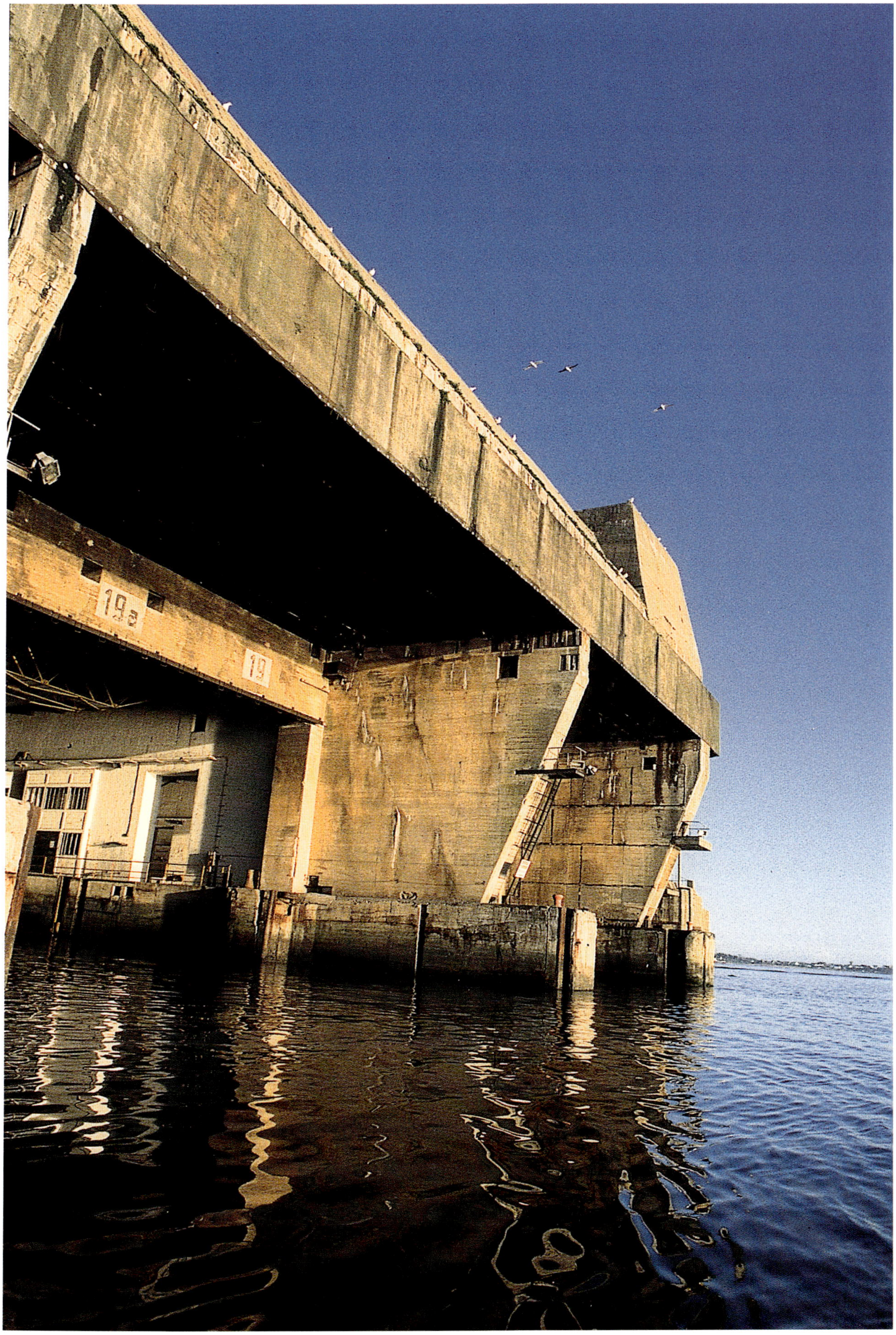
19a
19

La sous-marinade a son village

Le Marsouin de type Narval quitte la rade de Lorient. Son étrave, aujourd'hui, est érigée à proximité du rond-point de la base de Kéroman.

L'ancien U 123 est en bout de course. Il reste à quai et est désarmé en 1957. Dans la Bundesmarine, Horst von Schroeter qui a retrouvé depuis quelques années la trace de son ancien « loup gris » apprend avec une certaine nostalgie la fin paisible du *Blaison*. Sa longue coque disparaît sous les coups des chalumeaux des ferrailleurs.

Avec lui, comme avec d'autres anciens U Boote, la continuité entre sous-marins d'avant la guerre et d'après-guerre avait été maintenue.

Une continuité que l'on retrouve dans la conception de la nouvelle génération des sous-marins mise en chantier à partir de 1951 pour renouveler la flotte.

Le premier de cette nouvelle série est le *Narval* mis sur cale à Cherbourg en 1951. C'est un 1 200 t en surface dont les plans sont largement inspirés des U Boote de type XXI. Ils sont longs et puissants et ont gardé cette ligne fine comme une lame. L'intérieur est à peu de chose près identique à celui de la génération précédente et les membres de l'équipage y retrouvent vite leurs repères et leurs habitudes. Aussi il est très facile de passer du *Roland-Morillot* au *Narval*, au *Marsouin*, au *Requin*. Il n'y a pas le moindre dépaysement.

Il suffit seulement de se familiariser avec les bruits caractéristiques de chaque bateau. Ces bruits, les craquements de la coque, les claquements des moteurs, les sifflements des pompes, les chiquenaudes des clapets. Chaque bateau a les siens. Ils sont son âme, sa personnalité, son identité. A ces bruits, l'équipage, sait si tout va bien ou si, l'un d'eux devenu différent tout à coup, il se passe quelque chose d'anormal. Des bruits familiers que les membres de l'équipage veulent entendre à nouveau quand ils reprennent possession du bateau à la sortie d'une IPER.

L'entente entre mécaniciens du bateau et techniciens de la DCN est parfaite. Car plus on avance dans le temps, plus on est sensible aux qualités et aux défauts du sous-marin. Et l'objectif recherché est, bien entendu, d'en atténuer les défauts.

Le travail effectué est d'une rigoureuse qualité et chaque dossier est co-signé. Non par manque de confiance mais pour une meilleure sécurité.

Car à la différence des bâtiments de surface, dans la « sous-marinade », la confiance la plus grande est indispensable. D'où l'habitude de travailler en équipes mixtes. D'ailleurs le côté financier n'est pas celui qui prime. Même les délais passent après. La sécurité d'abord, car c'est la vie de tout un équipage qui est en jeu. Et ceux qui effectuent les réparations aiment à dire qu'ils souhaitent pouvoir dormir tranquilles.

Aussi tout le monde à Kéroman tient le même langage, sans qu'il soit nécessaire de remonter toute la hiérarchie, par des échanges permanents afin qu'aucune question ne reste sans réponse, afin que l'expérience bénéficie à tous les autres.

L'ambiance n'est que d'une apparente décontraction. Les deux cent mille heures de travail que représente une IPER sont effectuées dans le plus grand sérieux. Jusqu'à la mise en place de la section flottante de service (SFS) contrôlant plus strictement les travaux et leur coût, les rapports humains permettaient que dans l'enveloppe budgétaire on se débrouillait toujours. Tout en respectant à la lettre le cahier des charges.

A Kéroman, on avait coutume de dire : « *Pour les sous-marins, il y a toujours de l'argent.* » Tandis qu'on serrait les cordons de la bourse pour les navires de surface.

Eprouvé depuis des années, le chargement des torpilles est assisté d'un treuil sur les Daphné.

Mais la sécurité ne doit pas connaître de restriction. Toutes les étapes du remontage d'un sous-marin sont doublement vérifiées.

Le bord, en effet, conserve le droit de regard sur tout puisque pendant la durée de l'IPER le sous-marin reste armé. Le travail, peut-être plus à bord qu'en atelier, relève d'une autre sensibilité.

Car et c'est un paradoxe, lorsqu'un sous-marin entre en IPER il est en parfait état de marche.

Dans sa carrière un bateau connaît soixante quinze indisponibilités pour entretien de cinq à six semaines entre lesquelles il navigue pendant dix semaines. Tous les soixante mois il entre en IPER pour une durée de douze mois. Et encore cela dépend des types de bateaux, ainsi les *Daphné* étaient douze semaines à la mer et quatre au mouillage.

Là, dans une des cales-sèches de Kéroman III, pour un grand carénage, il est entièrement démonté, pièce par pièce, y compris les moteurs, révisés toutes les 3 000 heures. Dans les ateliers, les pièces qui présentent un commencement d'usure sont immédiatement remplacées. Elles sont pour la plupart usinées sur place grâce à un matériel et un personnel des plus performants. Rien n'est laissé au hasard. Tout est revu au micron près. Sur le bateau, l'équipe au travail compte 77 hommes dont dix cadres.

Il est arrivé que deux sous-marins de type *Narval* soient

La rade de Lorient vit au rythme des entrées et sorties de sous-marins de l'Escadrille des sous-marins de l'Atlantique (ESMAT).

en IPER en même temps dans Kéroman III. Près de deux cents personnes se retrouvaient dans les alvéoles de cette ruche. Le nombre ne nuisait nullement à l'ambiance du « village » ni à la qualité du travail. Les ouvriers militaires de l'Atelier Technique de l'Escadrille (ATE), tous pour la plupart d'anciens sous-mariniers, entretenaient avec les ouvriers de la DCAN ce que l'on pourrait appeler des relations de « vieux couple ».

L'ATE, en disponibilité vingt-quatre heures sur vingt-quatre, avait également pour mission de parer aux situations d'urgence.

Dans cette partie de Kéroman exclusivement conçue pour les sous-marins chacun y a sa place. Rares sont ceux qui veulent quitter le « village ». La majorité des personnels, y compris chez les sous-traitants à l'égard desquels la confiance est la même, y fait toute sa carrière.

ET LA TANIÈRE DEVINT LE VILLAGE

Le canal du slipway sera en service jusqu'en 1996.

Un type Daphné sur le slipway.

LA SOUS-MARINADE A SON VILLAGE

L'amarrage d'un bateau de l'ESMAT.

Le Marsouin appareille et passe devant Kéroman III.

Les grands carénages s'effectuent à Kéroman où la DCAN a installé ses différents ateliers pour les sous-marins. La communauté d'esprit s'est installée. Le bateau est entièrement démonté puis remonté comme c'est le cas pour le Dauphin, un type Narval.

Il est donc normal, dans ces conditions, que le commandant d'un sous-marin qui entre en IPER connaisse déjà tout le monde. Souvent il a été second dans une précédente affectation et il est déjà passé, au moins une fois, par Kéroman. Alors les départs en retraite de ces hommes compétents et appréciés, qu'ils soient civils ou militaires, sont toujours marqués par une invitation à bord pour une ultime plongée. Il est même arrivé qu'ils soient invités à barrer ou « chasser partout » pour refaire surface. Geste symbolique d'une reconnaissance sincère et d'une émouvante amitié.

La larme à l'œil, en ouvrant les sectionnements de chasse, l'homme tourne une page sur une période de sa vie. Parfois pendant plus de trente ans, il a connu le bord puis l'affectation à terre. Il a appris à connaître les anciens U Boote, les *Narval*, les *Daphné* et quatre *Agosta*. Tous des sousmarins classiques. Les « vrais » ont-ils tendance à dire. Pas comme les « palace » que sont les SNA ou les SNLE. Ces sous-marins dans lesquels on vit la promiscuité sans qu'elle soit gênante pour qui que ce soit. Dans lesquels il faut apprendre très vite à se déplacer sans que les autres, ceux qui sont de quart ou ceux qui sont de repos, ne s'en aperçoivent. Un art rapidement intégré.

Une fois à terre, à Kéroman, c'est vivre encore dans cette ambiance. C'est retrouver l'odeur des machines en pénétrant dans un sous-marin qui entre en carénage. C'est échanger des propos avec les membres d'équipage qui portent le même regard sur leur bateau, accomplissent les mêmes gestes. Car à bord rien n'a changé dans les sousmarins classiques, comme rien n'a changé dans l'esprit de ceux qui se souviennent de cette époque de la « sousmarinade » étroitement liée à celle de la base de Kéroman.

En effet, quelle que soit son affectation, ESMAT ou

ESMED, il n'est un sous-marin qui ne soit passé par Lorient pour une IPER ou pour une IE.

La *Créole*, la *Junon*, l'*Africaine*, le *Roland Morillot*, l'*Astrée*, l'*Andromède*, l'*Artémis* et le *Saphir* sont les premiers d'une longue série. Le *Roland Morillot* est l'ancien U 2518, le *Saphir* est un ancien sous-marin anglais qui est rendu au Royaume Uni en 1958, la *Junon* est un type *Minerve* mis en service en 1937. La *Créole*, l'*Africaine*, l'*Astrée*, l'*Andromède* et l'*Artémis* sont tous des types l'*Aurore* mis en chantier avant la guerre. Deux d'entre eux ont fait la guerre sous pavillon de la Kriegsmarine, l'*Africaine*, UF1 et l'*Astrée*, UF3.

Pour beaucoup de sous-mariniers une grande épopée va commencer avec la série des six sous-marins de type *Narval* dont la mise en chantier du premier a eu lieu en 1951.

Le *Narval* entre en service en 1954, le *Marsouin* en 1957, le *Dauphin* et le *Requin* en 1958 et l'*Espadon* et le *Morse* en 1960.

Avant leur refonte qui s'échelonne sur quatre ans de 1966 à 1969, ils déplacent 1 200 t en surface. Soixante-cinq officiers, officiers-mariniers et matelots forment l'équipage de ces sous-marins armés de six tubes lance-torpilles à l'avant et de deux à l'arrière. Il peuvent emporter quatorze torpilles de réserve. La série des *Narval* a profondément marqué plusieurs générations de sous-mariniers.

L'atelier de mécanique, usinage (AMU) installé dans K I.

Tout d'abord ceux qui venaient des anciens U Boote, de la *Créole*, de l'*Africaine*, de la *Junon* à bord desquels ils avaient fait, pour la plupart, leurs débuts.

Avec la *Créole*, ils avaient essayé les premiers schnorchel. Les torpilles fonctionnaient à l'air comprimé et les plongées étaient plutôt rares. Le bateau, par sa conception et par la configuration de sa coque épaisse offre un large sentiment de sécurité, il est robuste et spartiate à la fois. Bien plus spacieux, mais tout est relatif, que la *Créole*.

A bord des *Narval*, comme cela se faisait dans les autres sous-marins, l'équipage embarquait toujours un animal, un chien de préférence. Ce n'était pas seulement une mascotte. Il servait surtout à la détection des émanations de CO_2, un gaz plus lourd que l'air. Dès qu'il commençait à geindre c'était le signe d'une augmentation de la teneur en CO_2.

« Pic-Pic », à bord du *Morse* réagissait à moins de 1 %. Il fonçait alors au pied de l'échelle du kiosque et demandait, en aboyant, à sortir. Mais les animaux ne sont pas les seuls indicateurs et des hommes sont très sensibles aussi aux émanations de CO_2 et les premières migraines pouvaient indiquer une teneur de moins de 1%.

Trois de ces sous-marins, le *Narval*, le *Marsouin* et l'*Espadon* ont fait toute leur carrière

Le remontage est tout aussi délicat que le démontage et les positions pour travailler sont parfois acrobatiques.

à la 2ᵉ escadrille à Lorient. En presque trente ans d'existence ils accomplissent toutes sortes de missions, croisières de longue durée dans l'Atlantique, dans l'Océan Indien ou dans l'Océan Arctique. Ils participent à des opérations d'entraînement combinées avec les navires de surface et avec l'aéronavale. Ils sont la série des sous-marins verts. En effet, pour tenter d'obtenir un meilleur camouflage les ingénieurs ont choisi un superbe vert épinard. Le coût de cette peinture est très élevé. On en revient très vite à la peinture noire qui n'est guère plus voyante. Sur le pont a été mise en place la « valise », un conteneur pouvant embarquer un propulseur pour nageurs de combat.

Ils servent aussi de bâtiments d'instruction car les sous-mariniers se forment alors aussi bien sur les bancs de l'école à Toulon que sur le tas.

Le *Marsouin*, le *Narval* et l'*Espadon* sont respectivement désarmés en 1982, 1983 et 1985. Les trois autres auront une fin de carrière consacrée aux expérimentations de nouveaux matériels.

Ainsi le *Requin* sera affecté pendant dix-huit mois au groupe d'études et de réalisation de détection sous-marine.

Le *Morse*, désarmé en 1986, servira aux essais de SONAR Silure.

Quand au *Dauphin*, de 1989 à 1992, il participera au projet Sysiphe (Sous-marin installé en système pour hydroacoustique expérimentale).

Il s'agit de tester à la mer et de valider certains choix techniques envisagés par la DCN pour les futurs SNLE du type Le *Triomphant*. De refontes en transformations, le *Dauphin* finit par revêtir la maquette du *Triomphant* c'est à dire à lui ressembler comme un petit frère.

Pendant cinq cents jours, en Méditerranée et dans

l'Atlantique, le *Dauphin* effectuera des essais de toutes sortes avec tous les types d'antennes connus. Autant de précieuses journées économisées pour la construction du *Triomphant*.

Tandis que les *Narval* poursuivent leur carrière, naviguant sous toutes les latitudes ou servant pour des expérimentations, est mise en chantier une nouvelle génération de sous-marins d'attaque. Plus petits que les *Narval*. C'est la classe des *Daphné* bien armés pouvant aller jusqu'à trois cents mètres d'immersion. Ils sont cependant moins rapides mais peuvent patrouiller pendant trente jours sans aucun ravitaillement.

Entre 1964 et 1970, onze unités sont livrées à la Marine Nationale. D'autres sont vendues à l'exportation, quatre pour le Portugal, trois pour la Pakistan, trois pour l'Union Sud-Africaine et quatre pour l'Espagne qui les fabrique sous licence.

La *Daphné* est un 869 t en surface, armé de huit tubes lance-torpilles à l'avant et quatre à l'arrière. Elle n'emporte pas de torpilles de réserve. Elles sont dans les tubes dès l'appareillage.

Les onze unités *Daphné*, *Diane*, *Doris*, *Eurydice*, *Flore*, *Galatée*, *Minerve*, *Junon*, *Vénus*, *Psyché* et *Sirène* seront affectées un temps à Lorient à l'ESMAT qui a succédé en 1970 à la 2ᵉ escadrille.

La *Psyché* et la *Sirène* y seront affectées jusqu'à la sortie de leur dernière IPER en 1996 et 1997. Le 11 février 1997, la *Sirène* a quitté Kéroman, mettant ainsi un point final à la présence des sous-marins à Lorient. La *Psyché* et la *Sirène* sont les derniers type *Daphné* encore en service. La *Junon* a été désarmée en octobre 1996.

Les sous-mariniers qui ont servi à bord des *Daphné* en gardent un souvenir ému. Des sous-marins très maniables et sûrs.

Et pourtant cette série est hélas marquée par deux tra-

Les manipulations comme la remise en place des moteurs diesels nécessitent de grandes précautions et de la précision.

giques catastrophes qui se sont produites au large de Toulon, à deux ans d'intervalle en 1968 et en 1970.

Le 27 janvier 1968 à quelques nautiques du cap Cepet, la *Minerve* sombre corps et biens. Le commandant Fauve, pacha de la *Minerve*, avait, deux ans auparavant ramené à Lorient le *Dauphin*. Il était alors le second du lieutenant de vaisseau Goubelle qui était tombé à la mer avec trois radios. Cette tragédie s'était

Pour les superstructures le travail s'effectue en extérieur.

déroulée en avril 1966 au large des Glénan et les quatre hommes avaient disparu.

Quelques jours après la catastrophe de la *Minerve*, le général de Gaulle était venu à Toulon pour présider à la cérémonie à la mémoire des cinquante-et-un hommes d'équipage. Il avait ensuite embarqué à bord de l'*Eurydice* pour effectuer une plongée au large de Saint-Mandrier.

La disparition de la *Minerve* allait révéler une faille d'ordre juridique en ce qui concerne l'indemnisation des familles des sous-mariniers disparus en mer. Un officier de l'ESMED, Bernard de Truchy de Lays, prit le dossier en main. Il y consacre beaucoup de temps et d'énergie et finit par obtenir gain de cause pour les sous-mariniers qui disparaissent en mer.

Le 4 mars 1970, il est le pacha de l'*Eurydice*, lorsque le sous-marin disparaît au large de Porquerolles. Cinquante hommes périssent avec lui.

Quelques semaines plus tard, dans la passe de Saint-Mandrier, la *Galatée*, sortant pour une patrouille, entre en collision avec un type *Daphné*, la *Maria van Riebeck*, qui vient d'être livré aux Sud-Africains. Sept sous-mariniers y trouvent la mort.

Les causes des disparitions de la *Minerve* et de l'*Eurydice* n'ont jamais été élucidées. Mais à la suite de ces deux accidents tous les sous-marins de type *Daphné* subiront des aménagements au niveau de la coupole mais surtout au niveau de la commande des électriques. Elle est dorénavant installée perpendiculairement à l'axe de la coque pour éviter que l'homme ne soit brutalement éjecté de son poste en cas de pointe intempestive.

Car en plongée, la stabilisation et la navigation se font en tenant compte de la poussée d'Archimède, presque constante, et des approvisionnements. La consommation d'eau, de vivres et de torpilles, chacune d'elles pèse une tonne et demie, allège le bateau. En revanche la consommation de gas oil, en soute extérieure, l'alourdit parce qu'il est remplacé par de l'eau de mer. C'est ce que l'on appelle les approvisionnements liés. Il faut donc équilibrer les deux forces que sont celle du poids et celle de la poussée. Cela s'effectue par les caisses de réglage et d'assiette. Cette pesée, capitale, fait, qu'en immersion, le poids du sous-marin est de l'ordre de cinq à dix kilogrammes. Ainsi un homme qui aurait les pieds posés sur le fond pourrait le soulever d'une seule main. La rupture de cet équilibre déstabilise le bateau qui ne peut plus tenir son immersion que grâce aux barres de plongée et à la vitesse. Sur les *Narval* on avait coutume de dire que l'on pouvait étaler une tonne d'alourdissement par nœud de vitesse.

Le choc de la disparition de la *Minerve* est pourtant durement ressenti parmi les sous-mariniers. La *Diane* se trouve aux Canaries pour des cours de commandement. Personne ne comprend ce qui a bien pu se passer. Dans la « sous-marinade » tout le monde se connaît. Certes la *Minerve* n'a jamais été affectée à Kéroman mais les hommes qui ont disparu avec elle y sont passés plusieurs fois dans leur carrière et ils sont tous, exception faite de deux ou trois « bleus », des sous-mariniers chevronnés. Du pacha au simple matelot.

Alors, où se produisirent les failles pour ces deux bateaux ?

A partir de 1975, à Kéroman est installé l'atelier matériaux composites (AMC). C'est le commencement d'une aventure.

Chez les sous-mariniers on a coutume de dire qu'il faut nécessairement trois fautes pour qu'un incident tourne à la catastrophe. Une cause technique et deux erreurs humaines, deux causes techniques et une faute humaine mais il est impossible que se succèdent trois incidents techniques. La confiance dans la technologie et dans ceux qui, à terre, sont chargés de veiller à son efficacité est absolue. Il n'empêche que dans le village de Kéroman tout le monde est profondément affecté par cette double catastrophe et la recherche des causes de ces accidents est une priorité.

Et pourtant les *Daphné* sont une série de très bons bateaux aptes à de très hautes performances.

La série des accidents ne s'arrête pas là. Il s'en produit un autre au mois d'octobre 1972. Fort heureusement celui-là ne causera que des dégâts matériels.

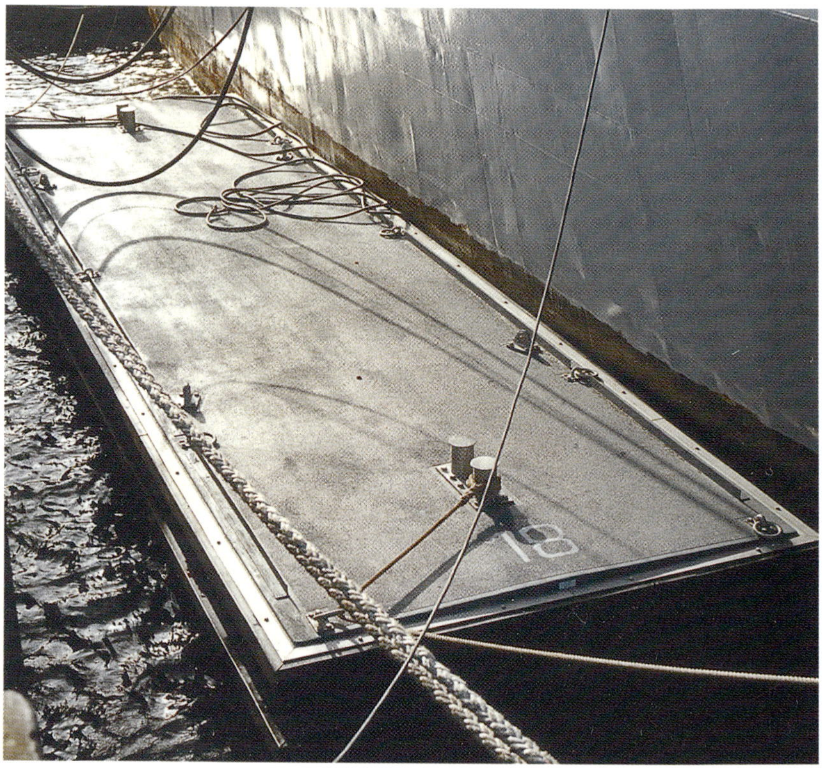

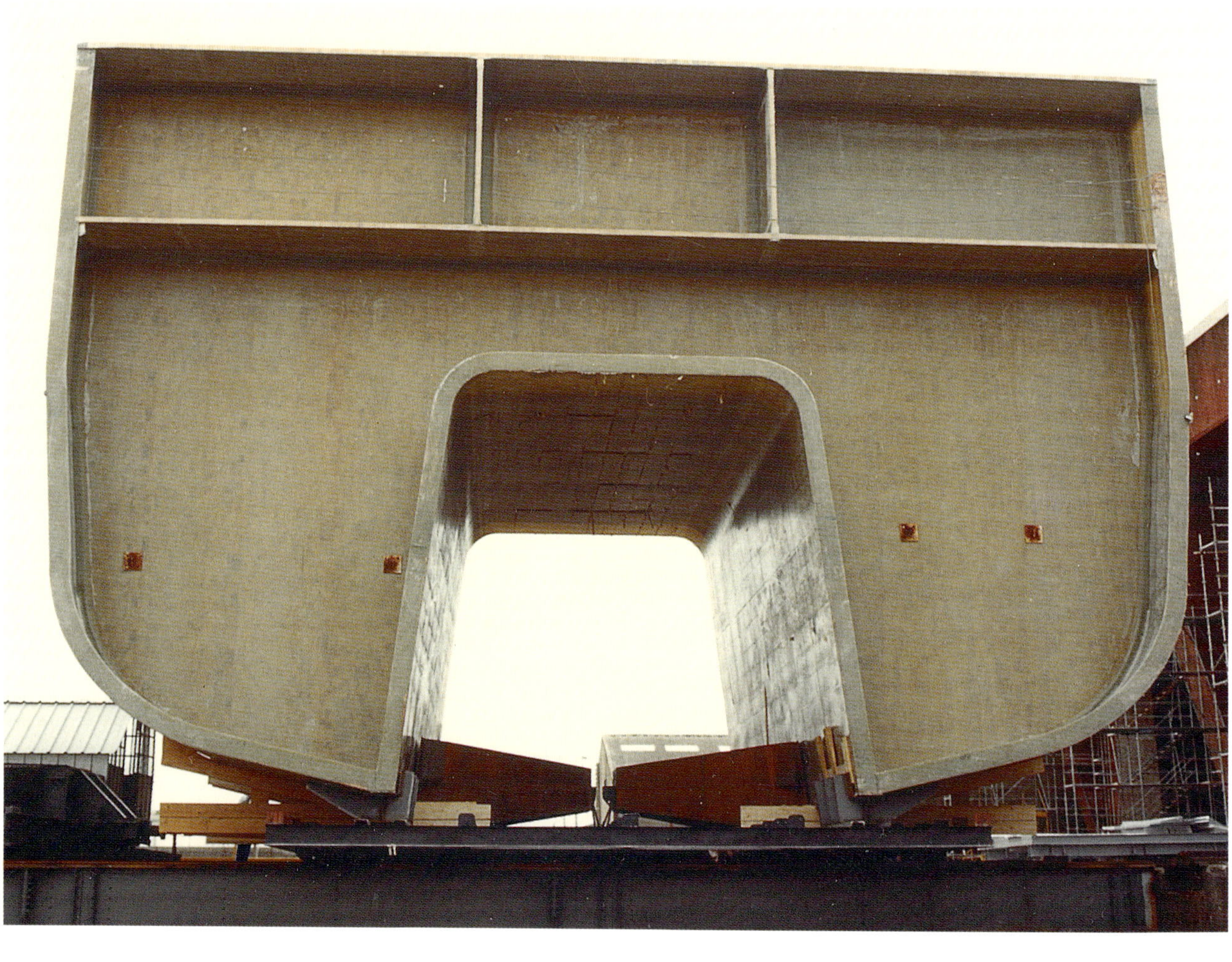

Les premières applications des matériaux composites sont essentiellement destinées à la Marine Nationale. Pontons mais aussi coques de navires de surface pour chasseurs de mines et pour le bâtiment anti-mines océanique (BAMO) dont le programme sera abandonné.

Et la tanière devint le village

Par la suite aux applications viennent s'ajouter les commandes civiles pour des catamarans, des trimarans de vitesse expérimentaux.

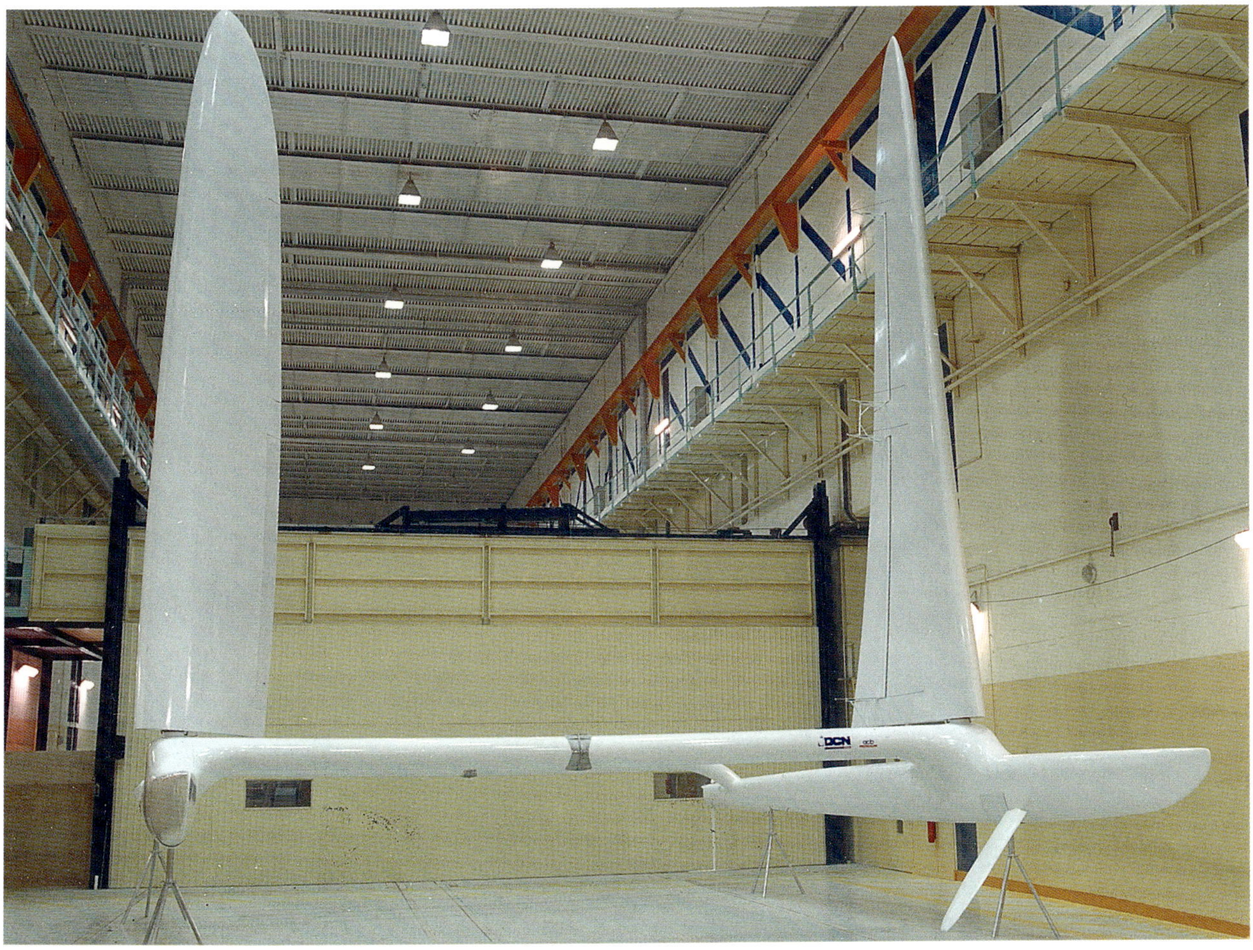
DCN

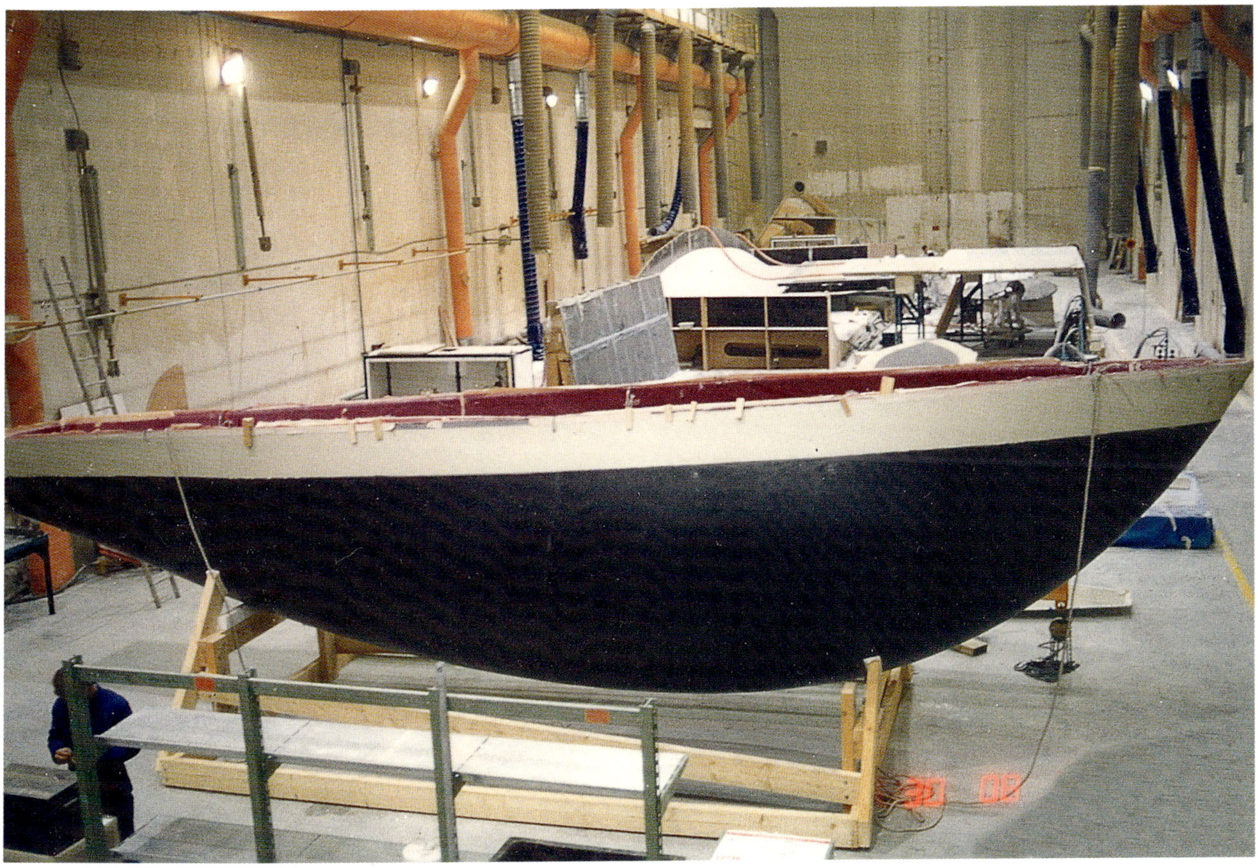

La *Sirène* est à flot dans l'alvéole « Charlie » de Kéroman III quand subitement elle se met à couler. En quelques minutes la coque touche le fond et le bateau s'incline devant les hommes d'équipage et de l'ATE qui sont à proximité du sous-marin. Tous sont abasourdis en voyant la *Sirène* s'enfoncer, rapidement, dans l'eau noirâtre dont la surface se charge de larges taches d'huile et de graisse. Plus personne ne rit alors que, depuis une bonne quinzaine de jours, tous se gaussaient de la même mésaventure survenue, dans un bassin, à un sous-marin de sa gracieuse majesté britannique. Personne non plus n'osera raconter ces histoires « belges » d'opérations portes ouvertes dans les sous-marins.

Dans le cas de la *Sirène*, il s'agissait de l'ouverture, simultanée, des deux portes et sectionnement d'un tube lance-torpilles. Une manœuvre en principe impraticable mais la sécurité avait été supprimée.

Mise à sec, la *Sirène* écope d'une IPER de deux ans qui n'était pas prévue dans son carnet d'entretien car tout doit être remis en état.

Ouvriers de l'ATE et de la DCN se mettent au travail, mais l'équipage s'interroge et se demande où il va être affecté. Certains iront pendant quelque temps à bord d'autres sous-marins, d'autres resteront à Kéroman pour former des volontaires venus

Tandis que la DCN déménage progressivement ses ateliers composites vers l'arsenal du Scorff, la seule activité demeurant à Kéroman est le grand carénage des derniers sous-marins classiques en service.

LA SOUS-MARINADE A SON VILLAGE

La Psyché est l'avant-dernier bateau à sortir d'une IPER en janvier 1996. La Sirène lui succède quelques semaines plus tard dans le bassin A.

des bateaux de surface vers la « sous-marinade ».

La formation est technique mais elle est également psychologique. Il ne s'agit pas seulement d'enseigner le fonctionnement des sous-marins, de familiariser les postulants avec les caractéristiques des manœuvres de ces bateaux. Il s'agit aussi de leur transmettre l'esprit. Celui de l'équipage autant que celui des hommes à terre. Transmettre cet esprit hérité des équipages des *Narval* qui le tenaient eux-mêmes de ceux des 400 t, type l'*Aurore* et de ceux des anciens U Boote ou des type *Minerve* d'avant-guerre.

Cet esprit qui transforme tout un équipage en une véritable « bande » à certaines conditions, cependant, que chacun, du pacha au plus jeune des matelots, connaisse, fasse et aime son métier.

Les équipages étaient à ce point soudés qu'il ne se posait que très rarement des problèmes d'autorité ou de discipline, à bord comme à terre.

Certains pachas ne rataient jamais la traditionnelle visite à leurs hommes le soir de Noël, au grand dam parfois de leur famille qui n'appréciait pas toujours cette absence. Au retour de patrouille, le pied à peine posé sur la terre ferme, tout l'équipage, du commandant aux matelots, quittait la base pour aller vider le verre de l'amitié au port de pêche dans l'avenue de La Perrière. Puis tout le monde rentrait à la base pour une partie de volley-ball. Ensuite, fin prêts pour la soirée et pour la nuit, tous en bande, les célibataires sortaient.

Peu à peu les rites ont évolué, suivant en cela les changements de la société. Les marins se sont mariés de plus en plus jeunes et la formation n'était plus la même. Quelques-uns ont commencé leur carrière sur les nucléaires effectuant, comme d'une obligation, un bref passage par les classiques, avant de retourner à l'Ile Longue.

Tout cela bien loin de l'ambiance du « village » de Kéroman. Là où les marins passent la moitié de leur temps de service. L'autre moitié étant à la mer. Dans les alvéoles de KIII et dans KI le « village » est reconstitué avec toute sa population. C'est le moment privilégié du partage de tout ce qui appartient à la « sous-marinade ».

Quand les quatre bateaux de type *Agosta* quittent Lorient pour Brest, le 1er juillet 1995,

LA SOUS-MARINADE A SON VILLAGE

les équipages ont le cœur lourd. Cette date marque la dissolution de l'ESMAT mais ils savent aussi que nulle part ailleurs ils ne retrouveront cette chaleureuse et fraternelle ambiance de Kéroman.

Les *Agosta* forment la dernière génération de sous-marins d'attaque classiques à propulsion diesel-électrique. Quatre ont été livrés à la Marine Nationale. Ce sont le *Bévéziers*, l'*Agosta*, le *La Praya* et le *Ouessant*.

Un Agosta dans l'un des bassins de radoub de Kéroman III.

Ce sont des 1 500 t, plus longs que les *Daphné*, plus silencieux et encore plus performants. Ils sont armés de quatre tubes lance-torpilles à rechargement rapide et du SM 39, un missile anti-navire qui est la version lancement en plongée de l'Exocet. Un *Agosta* peut emporter 20 torpilles ou 20 SM 39 ou encore 46 mines de fond. L'équipage est composé de 63 hommes dont 7 officiers.

La construction de ces sous-marins avait été lancée quand la décision de désarmer les *Narval* avait été prise en attendant la construction des SNA.

Le *Bévéziers* est affecté à Lorient en 1984, l'*Agosta* et le *La Praya* en 1986 et le *Ouessant* en 1987.

Aux missions habituelles au profit de la Force Océanique Stratégique (FOST) s'ajoutent, pour les *Agosta*, grâce à leur équipement, la possibilité d'accomplir des « opérations spéciales ». Ils sont, en effet, équipés d'un sas pour nageurs de combat et d'une « valise » propulseur de sous-marins semblable à celle qui équipait le *Requin*.

Par leur conception, les *Agosta* préfiguraient déjà les Sous-marin Nucléaire d'Attaque.

Leur départ pour Brest qui allait accueillir pour la première fois des sous-marins d'attaque met un point final à la vocation sous-marine de la base de Kéroman pourtant conçue et construite exclusivement dans ce but, un peu plus de cinquante ans plus tôt.

Dans son alvéole de KIII, la *Psyché* est en IPER, en cours de remontage. En janvier 1996, le bateau retrouve son élément pour laisser la place à la *Sirène* qui pénètre dans Kéroman pour sa dernière IPER. La dernière faite à Lorient.

Au fur et à mesure que l'IPER se déroule, les ateliers de la DCN se vident. Les hommes rejoignent d'autres affectations ou partent en retraite. La plupart d'entre eux n'a que

A la nuit tombée, la Psyché est sortie de son alvéole. Le bateau va être amarré pour la dernière étape du remontage.

quelques centaines de mètres à parcourir pour aller dans l'arsenal, sur l'une ou l'autre des rives du Scorff. C'est le retour à la situation de 1940, quand la Marine Nationale et l'Arsenal n'occupaient qu'un seul site.

C'est la fin d'une aventure commencée en 1945 et qui s'achève le 11 février 1997 avec le départ, pour Toulon, de la *Sirène*.

Fin de l'aventure aussi pour la DCN qui dès la reddition des Allemands, s'était implantée à Kéroman avec pour mission de remettre ce formidable outil en état de marche. Elle s'appelait encore DCAN quand elle avait pris possession de KI, KII et KIII.

C'est elle qui avait presque immédiatement entrepris la refonte du U 123 et la préparation du *Curie*, le premier sous-marin à appareiller de Lorient sous pavillon français.

La DCN avait réparti ses installations dans les trois blocs.

Kéroman I abrite la centrale énergie, le canal du slipway et, à partir de 1975, l'atelier Matériaux Composites. La centrale énergie est l'organe vital de la base qu'elle alimente en courant électrique, pour laquelle elle fournit l'air à haute et à basse pression. Les circuits d'eau douce, d'incendie et le circuit de carburant pour les sous-marins, traversent également ce bloc. A son extrémité se trouve le canal du spliway.

Le 1er juillet 1995, l'ESMAT est dissoute. Les quatre Agosta ont un nouveau port d'attache, Brest. Fait rarissime, les quatre bateaux se suivent pour gagner le Ponant.

Kéroman II est occupé par l'atelier mécanique usinage électricité (AMUE) dont les activités concernent aussi bien les sous-marins que les bâtiments de surface. Dans K9 se trouvent les tours parallèles et les machines à commande numérique. Dans K10, les aléseuses, les raboteuses et le tour vertical. Dans K11, les tours verticaux, des fraiseuses, des aléseuses, de gros tours parallèles et l'ajustage pour l'entretien du

Les silhouettes des sous-marins disparaissent une à une de la base de Kéroman, un décor qui s'est vidé.

Les portes se ferment à toute activité.

matériel pour sous-marins. Dans K12 est installée la nef de tout le matériel électrique.

K6 et K7 abritent l'atelier des moteurs tant pour les sous-marins que pour les bâtiments de surface. La remise en état des tubes lance-torpilles s'effectue dans K7 et toute l'électronique est traitée dans K6. Une annexe de l'atelier énergie entretien est installée dans K8.

Le centre entretien des sous-marins a pris possession de Kéroman III. Il dispose de quatre bassins de radoub, des ateliers de soutien de la mécanique, de la chaudronnerie, de l'électricité et de l'électronique. L'atelier technique de l'escadrille est également installé dans Kéroman III.

Enfin dans les bâtiments construits le long du Ter ont pris place la direction et le bureau d'études des sous-marins.

1975 est une année décisive pour la Marine Nationale. Il est décidé de mettre en chantier un programme de construction de chasseurs de mines dits « tripartites » à structure verre-résine. C'est le début de l'ère des matériaux composites et l'atelier est créé dans Kéroman I. Il devient entièrement autonome en 1977 et occupe tout le bloc.

Bien vite sa production va dépasser le programme initialement prévu.

De cet atelier vont sortir des vedettes de 7, 14 et 21 m, des ponts passerelles pour SNLE, SNA et SNLE nouvelle génération.

L'AMC fabrique aussi, pour toutes sortes de clients, des safrans, des barres de plongée, des antennes de radars de veille ou de conduite de tir, des conteneurs pour missiles, le catamaran de vitesse de l'ENSTA, des dômes, le moule avant du bâtiment anti-mines océanique (BAMO), la coque et les flotteurs de l'hydroptère et des éléments des superstructures pour les frégates légères de type *La Fayette*.

Toute une technologie de pointe a eu pour berceau Kéroman I et s'y est développée pendant vingt ans avant le transfert sur le Scorff en 1996.

La base de Kéroman est aujourd'hui déserte. Les trois colosses de béton dressent leur masse sans vie sur cette petite presqu'île jadis recouverte de bois.

Le sable que les Allemands transportèrent, naguère, par trains entiers depuis la Laïta, s'effrite lentement mais les épaisses structures des trois blocs sont encore bien solides.

Entre le premier coup de pioche en 1940 et le dernier départ en 1997, des milliers d'hommes sont passés par Kéroman. Ce sont eux qui ont donné à ce béton une âme et une histoire.

C'est par cette base aussi que Lorient est entrée dans l'histoire de la 2e Guerre Mondiale.

Pour que les Allemands soient, un jour, amenés à capituler, la ville a été bombardée et rasée. A cause de l'entêtement d'un

La Flore, un sous-marin de type Daphné, est mise au sec dans un alvéole dans l'attente d'éventuels visiteurs.

Désormais dans les alvéoles de KIII seules les rayons du soleil entrent pour donner une chaleur et une vie aux murs de béton qui ne renvoient plus aucune voix en écho. Plus aucun bruit qui accompagne le travail des hommes.

général, la base est devenue, absurde et inutile prolongement d'une guerre finissante, une forteresse, une poche qui ne capitulera, ironie de l'histoire, que sur l'ordre de celui qui avait demandé à Hitler et à Fritz Todt, cinq ans plus tôt, sa construction.

C'est encore l'histoire d'hommes courageux que la mort a fait parfois sortir de l'anonymat. Trop tard comme souvent. Le plus célèbre d'entre eux reste l'ingénieur général Jacques Stosskopf dont la base continue de porter le nom et perpétue la mémoire.

Cinq années de guerre en ont fait le symbole d'une folie meurtrière.

Et durant cinquante ans ses murs dont on disait, après Hiroshima et Nagasaki, qu'ils étaient les seuls, en France, à pouvoir servir d'abri contre une bombe atomique, ses murs ont renvoyé l'écho des bruits des machines, des outils, des paroles et des rires d'hommes, apprentis, ouvriers consciencieux et compétents qui travaillaient en paix dans ce décor guerrier.

Sans les hommes le béton n'est qu'une masse qui se meurt. Et les souvenirs disparaîtront avec ceux qu'ils habitent. Les hommes ont toujours eu la prétention de bâtir pour des millénaires. Une prétention jalonnée de ruines sur toute la surface de la planète.

Avec Kéroman est tournée la page des sous-marins classiques. Leur longue et fine silhouette va disparaître à jamais de la surface des océans.

La « Junon », dernier acte

Le pacha et les officiers de quart de la Junon aux commandes des manœuvres pour sortir de la rade.

La table pour suivre la navigation.

Le 3 juin 1996, le sous-marin *Junon* appareille pour les essais au sortir d'une indisponibilité pour entretien. La rade de Toulon est noyée sous une pluie battante et le vent d'est forme des milliers de dents de requins à la surface de l'eau. Au-delà de la passe de Saint-Mandrier, une forte houle creuse la mer qui a pris la couleur gris foncé du ciel.

« *Il aurait pu pleuvoir !* » déclare, péremptoire, le second. « *Eh bien il pleut !* » constate amèrement le pacha, trempé jusqu'aux os malgré le ciré avec lequel il tente vainement de protéger ses jambes.

Sur le kiosque de la *Junon* les visages ruissellent du mélange d'eau de pluie et d'eau de mer qui gicle avec les embruns.

A peine franchie l'étroite passe de Saint-Mandrier, le bateau se retrouve brutalement en pleine mer pour le premier essai de vitesse à plein régime des diesels. L'étrave, surmontée du bulbe du sonar, brise chaque lame en soulevant une gigantesque gerbe d'écume. La *Junon* se cabre puis pique dans les flots.

A l'intérieur, le long de l'unique pont qui court de la proue à la poupe du bateau, les hommes sont à leur poste et s'agrippent pour ne pas glisser. Chacun vérifie, pour la fonction qui lui est affectée, le bon fonctionnement et le bon comportement de la *Junon*.

Les essais de vitesse en surface exécutés, le pacha donne ordre de plonger à l'immersion périscopique. « *Attention aux navires de surface. C'est un coin très fréquenté par les cargos et les pétroliers* » prévient le second. Nouvel essai de vitesse à plein régime, schnorchel sorti, puis la *Junon* descend à moins cinquante mètres. Elle plonge dans le silence. Les moteurs électriques ont remplacé les diesels et la vérification du bon fonctionnement des instruments impose silence, entrecoupé d'une question et d'une réponse aussi brèves l'une que l'autre. Et tout fonctionne bien. Les gars de la DCN ont, comme d'habitude, bien fait leur boulot. D'ailleurs, à bord, se trouve un des leurs. Le technicien embarqué pour contrôler, lui aussi, que tout fonctionne bien. Que rien ne cloche. Il s'y connaît en *Daphné*. Régis Bojanawicz a passé ses vingt-six ans de carrière dans la Marine Nationale avec ce type de sous-marin. Il en connaît les défauts, qui fort heureusement sont rares et toutes les qualités. Les *Daphné*, dont la *Junon* est l'un des derniers de la série à être encore en service, sont d'excellents bateaux. Les sous-mariniers sont restés sentimentalement attachés à la qualité de leurs performances, à la manière silencieuse dont ils se propulsent et à leur confort plutôt spartiate, facile à supporter dès lors que chacun sait occuper la place qui lui revient et pas un centimètre carré de plus.

Le déjeuner est prévu aux alentours de 13 h pour le premier service et à 14 h pour le deuxième. Pas question de traîner, le bosco veille à ce que celà aille vite et de la cuisine, étroite comme tout ce qui est aménagé à bord d'un sousmarin, il réussit à sortir, comme un prestidigitateur, une bonne cinquantaine de plats chauds et appétissants. Car les essais au sortir d'un IE c'est aussi pour l'équipage le moment de retrouver ses marques, ses habitudes de bord, sa bannette, partagée. Sentir à nouveau les odeurs d'huile, de peinture et de cuisine mélangée. C'est le moment de renouer avec une promiscuité qui n'a rien de pesant, de répéter les gestes, automatiques et conscients à la fois, pour chaque manœuvre.

A moins trois cents mètres, la profondeur d'immersion maximum dite de sécurité, la *Junon* se comporte parfaitement. Les deux hommes qui ont embarqué pour la première fois à bord d'un sousmarin ont droit à un verre d'eau de mer tiré à cette profondeur symbolique. Un moment de détente pour tout l'équipage qui salue ce maca-

Quelques instants de détente pendant qu'est vérifié le fonctionnement des tubes lance-torpilles.

La remontée à l'assiette plus trente.

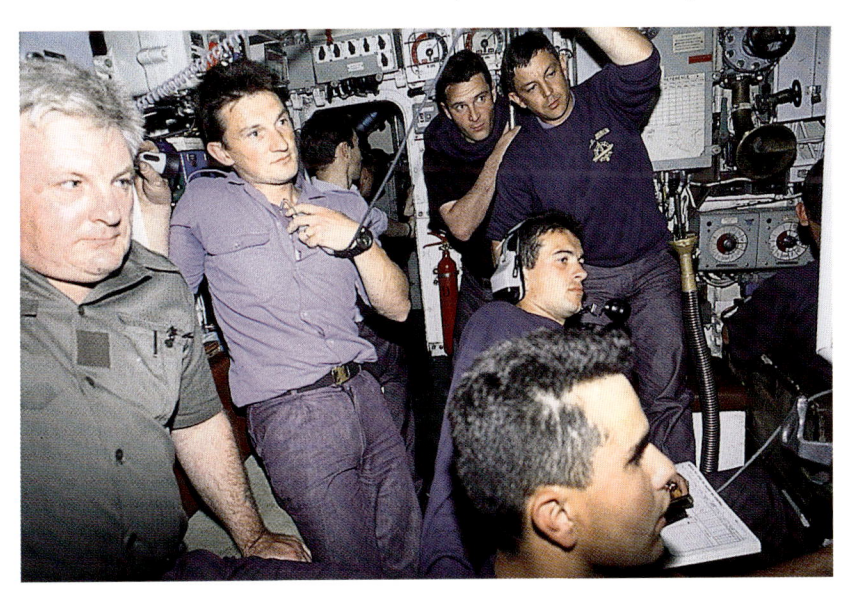

La cuisine de la Junon avec affiché, à la porte, le menu du 3 juin 1996.

Le premier service pour les matelots.

ronage fictif. Le bosco revient avec une bouteille de champagne et une feuille cartonnée qu'il est allé chercher dans ses affaires. Le texte est imprimé en allemand et en français. « Ce sont les règles que Schepcke avait rédigées pour que tout à bord de son U Boot soit impeccable, le comportement des hommes et l'entretien du bateau. Vous savez qui était Schepcke ? »

A partir de moins trois cents mètres, nouvelles séries d'essais pour la remontée en surface. Et là aussi tout se passe bien avec pour finir le moment d'émotion partagée avec Régis Bojanawicz qui tout à l'heure, en même temps qu'il posera le pied sur le quai partira en retraite.

La *Junon* ne dispose pas beaucoup plus de temps d'activité. Peu avant d'accoster elle est passée devant le *Saphir*, un SNA, qui prend la relève. Un bref salut. Six semaines plus tard, la *Junon* reste à quai, son équipage reçoit d'autres affectations et, en octobre, elle est désarmée. Tout près d'elle arrive la *Psyché*, rejointe en janvier 1997 par la *Sirène*, les deux derniers sous-marins de la série des *Daphné*.

Quand ils seront, eux aussi retirés du service, une page de la sous-marinade sera définitivement tournée. Leur fine silhouette est remplacée par celle plus massive des SNA. Une nouvelle génération de bateaux et de sous-mariniers.

Reinhard Hardegen :
« Aux postes de combat »

Reinhard Hardegen, le sourire triomphant est fait chevalier par Dönitz après avoir vu les lumières du port de New York.

Le U 123 est l'un des rares « loups gris » à avoir fait toute la guerre. Dès 1940, Dönitz a décidé de transférer la 2ᵉ flottille de Wilhelmshafen à Lorient. Au mois d'août, quand le U 123 entre dans la rade de Lorient, il a pour commandant Karl-Heinz Moehle et son équipage est déjà parfaitement aguerri. Le U 123 aura par la suite deux autres commandants : Reinhard Hardegen et Horst von Schroeter.

Chez lui, à Brème, Hardegen n'a pas renoncé, à 85 ans, à l'aventure. Il rentre d'une expédition dans l'Antarctique.

Reinhard Hardegen, né le 18 mars 1913 à Brème où il vit retiré, est sorti de l'école navale de Flensburg-Murwik en 1935. Un temps il fut volontaire pour les sous-marins mais leur nombre étant insuffisant il est affecté sur le *Karlsrhue* avant d'être muté dans l'aéronavale qui, par la faute de Gœring, est bien pauvre.

Quand la guerre éclate en 1939, Reinhard Hardegen sort à peine de l'hôpital à la suite d'un accident d'avion. Le pilote a heurté un château d'eau et le Ke 115 s'est disloqué avant de s'écraser au sol. Hardegen est sérieusement blessé et il en garde une jambe plus courte que l'autre, son fémur droit ayant été raccourci de dix centimètres. Il avait décidé de rejoindre l'équipage d'un bâtiment de surface. Au lieu de cela il est affecté dans les U Boote pour lesquels il avait pourtant été déclaré inapte. Mais en temps de guerre les critères d'affectation changent et avec vingt autres officiers il rejoint la 2ᵉ flottille. Ainsi, d'août à décembre 1940, il est embarqué sur le U 124. En janvier 1941 il prend le commandement du U 123. Il a vingt-neuf ans.

Il fait partie de ces officiers sur lesquels Dönitz peut compter et quand il décide de déclencher l'opération « Coup de cymbales », il désigne le U 123 pour attaquer le port de New York. L'opération est un succès pour les « loups gris » et Hitler reçoit les commandants, dont Hardegen, pour les féliciter. Le Führer reconnaît sur la vareuse d'Hardegen l'insigne de l'aéronavale et lui en fait la remarque. Hardegen lui dit alors que si l'aéronavale avait été mieux équipée, la Kriegsmarine n'aurait pas perdu le *Bismark*. Irrité, Hitler lui répond sèchement qu'il avait besoin de beaucoup d'avions sur le front russe pour prendre Kouban et qu'il a pris Kouban. « *C'est ça qui est le plus important* » tranche le führer

Hardegen commande la manœuvre pour l'accostage du U 123 au retour de Paukenschlag.

en tournant le dos à cet officier qu'il avait reçu en héros et qui s'est montré impertinent.

Comme la majorité des officiers des U Boote, Reinhard Hardegen refusait d'être considéré comme un nazi. Il se disait « *commandant allemand d'un sous-marin allemand* ».

Peu après son entrevue avec Hitler il est muté à l'école de navigation sous-marine à Flensburg puis dans l'infanterie.

Fait prisonnier par les Anglais qui le prennent pour un Waffen SS, il est interné pendant dix-huit mois dans un camp pour SS.

A cause de sa blessure il ne peut intégrer la Bundesmarine, après la guerre, et se reconvertit dans le civil en négociant de produits chimiques pour la marine.

Il a écrit, immédiatement après son retour à Lorient, un livre « *Aux postes de combat* » dans lequel il raconte l'opération « Coup de cymbales ». « *Ce n'est qu'un témoignage, dit-il, et cela n'a aucune valeur historique puisque je n'ai jamais pu recueillir le point de vue de l'amiral King.* »

Horst von Schroeter :
« Mourir avec mon équipage »

Quand il prend le commandement du U 123, Horst von Schroeter n'a que 23 ans.

Horst von Schroeter est déjà à bord du U 123 en tant qu'officier en second chargé de l'artillerie quand le « loup gris » rôde dans les eaux de l'East River à la pointe de Manhattan. Il vient d'avoir vingt-et-un ans et sort de l'école de Flensburg. Il est volontaire pour les sous-marins, le voici donc, selon une logique propre à toutes les armées du monde, affecté à bord du cuirassé Scharnhorst.

Horst von Schroeter est né le 10 juin 1919 à Biebersteim en

A Bonn où il vit maintenant en retraite, le vice-amiral de la Bundesmarine, Horst von Schroeter a poursuivi sa carrière dans la marine. Il a commandé la force navale allemande intégrée dans la flotte de l'OTAN et y a retrouvé certains de ses anciens adversaires.

Saxe. En 1937 il entre à Flensburg-Murwik. Il est le premier de sa famille à choisir le métier des armes.

En mars 1941 il est enfin muté dans les sous-marins comme officier canonnier à bord du U 123. Il arrive donc à Lorient pour embarquer sous les ordres de Reinhard Hardegen.

En août 1942, c'est lui qui prend le commandement. Il a tout juste vingt-trois ans.

« *Nous étions des officiers de carrière et nous avons, tout naturellement choisi l'arme de la Kriegsmarine qui se battait de la manière la plus incisive. Les U Boote ont tout le temps fait la guerre.* », dit-il en soulignant qu'après la curiosité de la première sortie en mer viennent les transes de la peur pendant les combats et qu'il faut les dominer.

« *Nous ne combattions pas des hommes mais des bateaux. Nous étions malheureux pour le sort des hommes.* »

Lors d'une patrouille, von Schroeter lâche ses torpilles contre un bateau et le manque. L'une d'elles atteint, sans qu'il l'ait visé un sous-marin anglais. « *Je savais ce que c'était parce qu'un sous-marin touché n'a aucun moyen de s'en sortir. Nous souffrions en imaginant quelle tragédie vivaient les Anglais* ».

En 1943, Dönitz décide, après avoir perdu plus de quarante U Boote durant le mois de mai, d'arrêter la bataille de l'Atlantique mais, constatant que les alliés gagnent du temps en supprimant les convois et que l'aviation devient disponible pour bombarder l'Allemagne, il doit se résoudre à y renvoyer ses « loups gris ». Le U 123 survit à cette hécatombe.

Von Schroeter reçoit un ordre d'affectation à l'école navale de Flensburg. Il demande un entretien à Dönitz. « *Pourquoi m'envoyez-vous à Flensburg ?* ». Dönitz, qui n'est pas au courant, lui répond que cela a sans

Après avoir torpillé un cargo, von Schroeter a recueilli les rescapés. Parmi eux, le commandant du navire en train de couler.

doute été jugé utile pour la formation des futurs sous-mariniers. Von Schroeter lui demande alors la faveur de garder la commandement du U 123 : « *Je ne peux pas demeurer à terre dans l'attente de la nouvelle que mon bateau et mes hommes ont été coulés. Je veux rester avec eux.* » Emu, Dönitz accède à sa demande.

Quand von Schroeter prend, en 1944, le commandement du U 2506, un type XXI, son équipage tout entier le suit.

En 1945, Horst von Schroeter est fait prisonnier par les Anglais à Bergen, en Norvège. Il est livré aux Français qui l'internent au camp de la Mulsane près du Mans. Il est libéré en 1947 et intègre la Bundesmarine. Il a fini sa carrière avec le grade de vice-amiral et a commandé la force navale allemande intégrée au sein de l'OTAN où il a retrouvé d'anciens adversaires de la bataille de l'Atlantique.

Il vit aujourd'hui à Bonn.

Jacques Stosskopf :
« Surtout ne jamais parler »

La seule photo de Jacques Stosskopf en uniforme. Elle avait été prise à Lorient, dans le jardin de la maison qu'il occupait, près du Pont Saint-Christophe. Cette photo était destinée à sa mère.

L'arrivée des Allemands à Lorient, le 21 juin 1940, fut diversement accueillie. Indifférence pour les uns, curiosité pour d'autres. Aux extrêmes se trouvaient ceux qui voyaient en cette défaite la promesse de l'établissement d'un ordre nouveau sur la France à l'image de celui que les nazis avaient instauré en Allemagne et ceux qui voyaient dans ce désastre toutes les horreurs à venir. Les premiers firent le choix de la collaboration et les seconds celui de la résistance.

François Stosskopf est installé en haute Provence non loin du CEN de Cadarache où il travailla comme ingénieur. De son père il a gardé le souvenir d'un homme courageux et discret.

Pour entrer en collaboration, les démarches à accomplir étaient faciles. Il suffisait en effet de se mettre au service des instances du gouvernement installé à Vichy ou des autorités allemandes.

En revanche, entrer en résistance consistait à se lancer, parfois à l'aveuglette, dans une aventure dont chaque seconde était incertaine.

Lorient n'a pas échappé à la règle commune. Il y avait deux résistances. Celle du renseignement et celle de l'action. L'action se traduisait par des actes de sabotages, des grèves et par la suite d'actions armées qui se développèrent en même temps que les maquis.

Les deux résistances se complétaient, avaient leur importance dans le déroulement de la guerre. Elles reposaient sur des principes identiques à savoir combattre un régime dictatorial, lutter contre l'injustice et contre les crimes perpétrés autant par les occupants que par les séides du Gouvernement de Vichy.

Tant dans l'arsenal que dans la base de Kéroman, des actes de sabotages ont été régulièrement commis jusqu'à la constitution de la poche. Leurs auteurs firent preuve d'imagination et d'audace.

Le renseignement tint également sa place et de manière précieuse. L'homme qui en fut l'artisan était Jacques Stosskopf, le sous-directeur de l'arsenal. Ce brillant polytechnicien d'origine alsacienne connaissait bien, et pour cause, l'allemand et le fonctionnement de ses armées, notamment la Kriegsmarine. Il ressentit avec douleur la désastreuse défaite de la France en 1940. Récemment nommé à Lorient, son arrivée ne précéda que de quelques semaines celle des troupes de la Wehrmacht.

Son fils aîné, François Stosskopf, qui vit à Manosque dans

les Alpes de Haute-Provence, n'avait que huit ans quand, avec ses parents et sa toute jeune sœur, la famille s'installa dans une villa proche du pont Saint-Christophe. Quelques jours plus tard, les grands-parents vinrent se réfugier à Lorient.

« La maison était remplie des meubles de toute la famille. Il y en avait partout et nous pouvions à peine bouger », se souvient François Stosskopf. *« Mon grand-père, dans son chagrin, disait que ce n'était pas la peine d'avoir déménagé et traversé toute la France pour retrouver les Allemands ici. Ils étaient sous nos fenêtres venus tout d'abord vérifier si le pont n'était pas miné et ensuite pour le garder. Mes grands-parents maternels sont restés jusqu'aux premiers bombardements. Mon père devait en connaître les dates, les heures et les objectifs car nous ne bougions pas et nous regardions le feu d'artifice par la fenêtre. Une bombe est tombée sur la Ville en Bois et notre maison a été violemment secouée. Mais nous sommes restés à table. Un soir, un homme est venu rendre visite à mon père et, nous les enfants, nous avons été priés de monter dans nos chambres. Après le départ de cet homme, j'ai entendu mon père dire à ma mère, en alsacien, "c'est un espion". »*

Des activités clandestines de Jacques Stosskopf, à cette époque personne ne sait rien, même pas sa famille qui pourtant savait de quel côté il penchait.

Aux yeux de tous, Allemands et Français, il était un collaborateur parfait. C'est évidemment la meilleure couverture que puisse avoir un résistant. Mais les ouvriers de l'arsenal, qui n'étaient pas tous résistants, lui vouèrent une haine féroce.

« En 1942, j'étais élève à l'institution Saint-Louis des Carmes et des camarades de classe m'avaient insulté en me traitant de collaborateur. J'ai dû me battre pour défendre mon père. Car je savais ce que ressentait mon père », ajoute François Stosskopf. *« L'affaire de Mers el Kébir et l'exploitation que la propagande allemande en avait faite l'avaient profondément peiné. A la fin de cette année-là, pour la première fois j'ai vu mon père pleurer. Quand il a appris la sabordage de la flotte à Toulon. »*

Quand les bombardements devinrent plus intenses, madame Stosskopf emmena ses deux enfants à Paris et revint aussitôt à Lorient. Puis en février 1943, ils furent évacués. Les meubles trans-

Jacques Stosskopf observait les opérations de ravitaillement des U Boote et pouvait ainsi annoncer aux Britanniques les prochaines sorties des « loups gris ».

portés à Rosporden, la famille s'établit à Quimper où les deux enfants revinrent afin d'y poursuivre leur scolarité.

« *Mon père prenait tous les matins, à cinq heures, le train pour Lorient*, raconte François Stosskopf, *et il ne rentrait que le soir.* »

Le soir du lundi 21 février 1944, Jacques Stosskopf n'est pas rentré chez lui. Dans la journée, à 16 heures, la gestapo, qui exerçait sur lui une étroite surveillance, avait procédé à son arrestation. Il fut incarcéré à Vannes, puis à Rennes. Le lendemain, un ingénieur qui travaillait avec Jacques Stosskopf est venu à Quimper. Il a ramassé tous les documents et, avec madame Stosskopf, il est monté chez un voisin pour les incinérer dans la cheminée. La gestapo ne vint que le mercredi pour perquisitionner. C'était trop tard.

« *Ma mère s'est rendue à la prison de Rennes pour tenter de rencontrer mon père mais elle n'y fut pas autorisée.* »

Dirigé sur le camp de Schirmecke, en Alsace, Jacques Stosskopf réussit, en gare de Reims, à faire passer un message à une de ses tantes à l'intention de sa famille. Ce fut le dernier.

En septembre 1944, avec tous les membres du réseau Alliance internés dans le camp, il est fusillé par les geôliers.

« *Nous avons habité Quimper jusqu'à la fin de l'année scolaire 1944-1945. En avril 1945, nous*

Malgré les renseignements qu'il fournit, Jacques Stosskopf ne put empêcher la construction de la base qui aujourd'hui porte son nom.

avons appris que papa avait sans doute été fusillé par les Allemands. La confirmation n'est venue qu'en été, alors que nous étions retournés passer les vacances en Alsace et dans les Vosges. » raconte François Stosskopf qui n'a jamais entendu dire que d'autres personnes qui auraient pu travailler avec son père dans l'arsenal avaient été arrêtées ou même inquiétées. *« Surtout ne jamais parler »* était son principe dans l'action clandestine.

Cette action fut confirmée par la suite, en mêlant souvenirs et documents, américains essentiellement, l'Intelligence Service Britannique, pour qui Jacques Stosskopf travaillait, ayant fait le choix de ne pas ouvrir ses archives.

On sait depuis la fin de la guerre que Jacques Stosskopf fit partie, dès le début, du réseau Alliance et que, mettant à profit ses nombreux déplacements à Vichy, il y transmettait tous les renseignements vitaux pour aider les alliés dans la bataille de l'Atlantique.

Il avait usé, également, de ses fonctions dans l'affaire de la réquisition des ouvriers Français pour Wesermüde. Pour un grand nombre d'entre eux il avait plaidé l'incapacité physique et le nombre avait été ramené de 600 à 246, c'est-à-dire que 354 d'entre eux ont échappé grâce à lui à cette déportation du travail.

Cela lui valut tout de même des manifestations d'hostilité au cours desquelles était scandé le slogan *« A mort Stosskopf »*. Lorsque la dernière eut lieu, Jacques Stosskopf était déjà mort. Assassiné par ceux-là même dont on l'accusait d'être le dévoué collaborateur.

En hommage à sa mémoire, au mois de juillet 1946, la base de sous-marins de Kéroman a été appelée base « Jacques-Stosskopf ».

Jean-Pierre Nourry :
« On était les rois »

Le contre-amiral Jean-Pierre Nourry a bien connu le village.

Le contre-amiral Jean-Pierre Nourry a passé une grande partie de sa carrière de marin, commencée dès l'âge de seize ans comme pilotin en Indochine, dans les sous-marins et à la base de Kéroman.

Il fait partie de l'équipage qui a pris le *Morse* à sa sortie d'armement. Puis il est passé officier en second sur l'*Ariane* d'abord et ensuite sur le *Marsouin* surnommé la « perle de l'Atlantique ».

En 1966 il prend le commandement de la *Diane*. Pendant deux ans, à bord de cet excellent bateau avec un excellent équipage il sillonne l'Atlantique.

Il est aux Canaries quand se produit la catastrophe de la *Minerve* et que les hommes de la *Diane* apprennent la disparition de leurs copains. Car dans les sous-marins tous se connaissent bien et s'apprécient qu'ils appartiennent à la 1re ou à la 2e ESM. Ils sont tous de la même famille. Ils sont tous très attachés les uns aux autres. De plus certains connaissent bien ce bateau sur lequel ils ont navigué et ils ne s'expliquent pas ce tragique accident.

Il n'empêche que pour tous c'était une époque merveilleuse. Chaque type de bateau créant lui-même la nostalgie qui lui est attachée.

« *On était les rois et on donnait beaucoup* » confirme Jean-Pierre Nourry qui compare avec le *Redoutable*, dont il fut également le pacha, en affirmant que « *ce n'était pas la même chose, pas la même communauté d'esprit* ».

Commander un sous-marin est une lourde responsabilité. « *Ce n'est pas très difficile*, affirme pourtant Jean-Pierre Nourry. *On a trois galons mais il est impératif que les autres vous reconnaissent comme étant le chef. Il faut, aussi, bien connaître son métier. Et si vous les aimez alors ils vous aiment. Ma femme était parfois jalouse de* « *mes* » *quarante enfants* ».

De 1982 à 1984, le capitaine de vaisseau Jean-Pierre Nourry est le pacha de la base de Kéroman. Il est dans son élément mais, déjà, il sait que l'ère des sous-marins d'attaque classiques est révolue et que par conséquent la base de Kéroman est condamnée à être fermée.

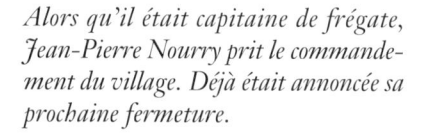

Alors qu'il était capitaine de frégate, Jean-Pierre Nourry prit le commandement du village. Déjà était annoncée sa prochaine fermeture.

Jean-Philippe Blieck :
« Mon premier embarquement »

Jean-Philippe Blieck a embarqué comme plus jeune matelot sur la Diane.

La veille de son premier embarquement, Jean-Philippe Blieck était allé au cinéma voir « Le Bateau ». Histoire de se remonter le moral. Il était depuis peu dans la Marine Nationale et bien entendu il était volontaire pour les sous-marins. Il venait d'avoir dix-huit ans deux jours plus tôt quand il passa la coupée de la *Diane*. Quelques jours auparavant il avait eu le choix entre l'*Argonaute* et la *Diane*.

« Au tout début j'ai regretté d'avoir choisi la Diane *parce que l'Argonaute était le dernier des 400 t et j'aurais aimé connaître ces bateaux mais mes regrets ont*

été de courte durée parce qu'avec la Diane nous avons aussitôt appareillé pour Sfax en Tunisie. Pour moi, le Parisien qui n'avait jamais vu la mer, c'était un vrai bonheur. »

Parce qu'il était le plus jeune à bord, Jean-Philippe Blieck avait hérité de toutes les corvées, même quand il était de repos. Car dans les sous-marins, plus qu'ailleurs dans la Marine, les traditions sont respectées.

« Quand nous sommes arrivés à Lorient, en 1982, pour une IPER, deux membres de l'équipage, seulement, connaissaient cette ville et la base de Kéroman. On s'y est tout de suite senti chez nous. C'était vraiment le village. Tout le monde se connaissait, s'interpellait. On ne savait qui était de la Marine ou de la DCN et cela n'avait aucune importance. Tout le monde faisait partie de la « sous-marinade ». Alors quand nous avons appris que la Diane était affectée à l'ESMAT et qu'on ne retournerait pas à Toulon se fut une explosion de joie. » raconte Jean-Philippe Blieck, impressionné par la masse gigantesque que représente la base de Kéroman.

Il y avait pourtant le mauvais côté de la situation. Notamment pour les exercices avec l'aéronavale. Pour atteindre les zones de plongée, le bateau devait naviguer pendant dix heures en surface. De quoi rendre tout un équipage malade par grosse mer. Au

Sa découverte de la navigation se fit d'entrée à bord d'un sous-marin. La veille de son embarquement il était allé au cinéma pour voir le film de Wolfgang Petersen « Le Bateau ».

bout de ces dix heures, c'est un soulagement d'entendre le pacha ordonner l'immersion périscopique. Et tout à coup c'est le « pépin ». L'eau s'infiltre par le panneau du kiosque. Une véritable douche. Les hommes commencent par râler et puis comme ça continue il faut résoudre le problème. Le pacha n'hésite pas une seconde. « *Assiette moins trente ! Descendez à 55 m !* » ordonne-t-il. Les bleus se regardent stupéfaits. Ils comprennent quand à 55 m, sous la pression de l'eau, le panneau s'est fermé hermétiquement et ne laisse plus passer la moindre goutte d'eau.

La première fois que Jean-Philippe Blieck a été confronté à un incident inexplicable c'est pendant le trajet entre Toulon et Lorient. Une fois passé Gibraltar, la *Diane* remonte le long des côtes espagnoles. Subitement le bateau coule de 48 m. « *On était parti de 55 m et continuait de descendre, sans comprendre pourquoi.* » dit-il. La ronde d'étanchéité n'a rien donné et puis ça s'est arrêté. Il n'y avait eu aucune panique à bord. Le bateau a refait surface sans que personne ne puisse expliquer ce qu'il s'était passé. « *Cela fait quand même un drôle d'effet. Car qu'on le veuille ou non dans ce genre de circonstance viennent bien vite à l'esprit les catastrophes de la Minerve et de l'Euridyce.* » raconte Jean-Philippe Blieck.

Comme la plupart des sous-marins retirés du service, la *Diane* a été vendue aux enchères à la ferraille. Au coup de maillet du commissaire-priseur, les souvenirs, les bons et mauvais moments des équipages qui se sont succédés à son bord ont été découpés puis fondus. Le prix payé n'était plus que de 45 centimes le kilo.

Jean-Jacques Le Faouder :
« Un même langage »

Jean-Jacques Le Faouder. Il connaît parfaitement l'histoire de Kéroman et il a écrit un ouvrage remarquable de précision notamment sur l'implantation de la DCN et ses ateliers.

Quand après la capitulation de la poche de Lorient, les Français pénètrent dans l'arsenal et dans la base de Kéroman, ils font rapidement un état des lieux. Sur le Scorff, les installations sont inutilisables. En revanche Kéroman a bien tenu le coup et la base est considérée d'emblée comme un excellent outil potentiel. Seul manque le personnel qualifié éparpillé un peu partout en France. Les techniciens de ce qui deviendra la DCAN puis la DCN font l'inventaire des installations, découvrent le U 123 et des morceaux du U 129.

Au mois de décembre 1945, il est créé une base militaire à Kéroman et puisque ces installations sont conçues pour les sous-marins, pourquoi ne pas en profiter ? C'est le début de l'ère française de la base de Kéroman. Elle va durer plus de cinquante ans. Dix fois plus longtemps que l'ère allemande.

Cela durera le temps des trois générations de sous-marins, les *Narval*, les *Daphné* et les *Agosta*. Et puis il y a ceux qui ont connu les anciens U Boote. Eux ce sont les vrais. C'est ce qu'ils prétendent. Car ces bateaux, spartiates et robustes sont symboliques d'une époque de la navigation et d'une certaine manière de

L'arrivée des matériaux composites a donné un nouvel élan à l'activité de Kéroman.

L'ambiance de Kéroman va bien vite s'installer d'elle-même et la base devient peu à peu le « village » avec tout d'abord les ouvriers qui remettent le *Curie* en état puis s'attaquent à le refonte de U 123 et avec les premiers équipages de la Marine Nationale. Et tout le monde fait corps.

faire la guerre. L'époque pendant laquelle tout le monde « mouille sa chemise » et parle le même langage.

Jean-Jacques Le Faouder, de la DCN, a bien connu tous ces hommes et a écrit un excellent ouvrage parfaitement documenté sur l'histoire de la base de Kéroman.

Il raconte la remise en état de la base mais surtout témoigne de cette ambiance, bien peu ordinaire, qui régnait à Kéroman.

« A la différence des bâtiments de surface, ici la plus grande confiance était nécessaire. Elle se fondait essentiellement sur la connaissance la plus parfaite des hommes mais aussi des bateaux. Plus on avançait dans le temps plus on était sensible aux qualités et aux défauts du bateau et notre rôle était, bien sûr, d'atténuer ces défauts. Par exemple, en cas d'avaries nous recevions des directives de la Marine, mais les modifications ne pouvaient être effectuées si elles étaient contraires aux consignes du bord. Et tous les dossiers étaient co-signés. Pour finir il y avait toujours quelqu'un de la DCN qui embarquait à bord du sous-marin pour ses premières plongées au sortir d'un IPER. »

C'est à ce moment-là que se détectaient les imperfections, s'il y en avait. Le bruit que fait un panneau en se mettant en place avait-il changé ? Il fallait vérifier car ce pouvait être anormal, donc dangereux.

Les délais et l'aspect financier ne pouvaient jamais être une priorité car la vie des hommes était en jeu. Le seul critère de priorité était celui de la sécurité. D'où un état d'esprit bien à part pour celui qui a fait la réparation et qui veut dormir tranquille.

A Kéroman tous tenaient le même langage. Remonter la hiérarchie pouvait être une perte de temps, alors les discussions étaient croisées, les échanges permanents et aucune question ne restait en suspens et il ne fallait jamais négliger l'expérience de l'autre. De tels rapports humains ne sont pas courants. Ils se fondent, évidemment, sur un principe qui n'est autre que le respect de la vie humaine.

L'esprit de la sous-marinade est né de la confiance qui unit à tous les échelons personnels civils et militaires de Kéroman. Ce sont eux qui ont donné vie à Kéroman. Thierry Auffret, de la DCN et Pascal Roger, pacha de la Sirène qui vient d'entrer en IPER se connaissent déjà de longue date.

Régis Bojanawicz :
« Vingt-six ans avec les Daphné »

Vingt-six ans avec les Daphné, ce 3 juin 1996, Régis Bojanawicz part en retraite. Le pacha de la Junon lui fait l'honneur de « chasser partout » pour regagner la surface.

Qu'ils soient marins ou ouvriers de la DCN, bien des hommes ont accompli leur vie active exclusivement dans ce qu'ils appellent avec nostalgie la « sous-marinade ». Pour rien au monde ils auraient accepté d'en être éloignés, fût-ce même par d'alléchantes promotions.

Seule la maladie, seul le départ en retraite peuvent avoir raison de leur volonté acharnée d'avoir toujours un lien avec l'arme sous-marine.

L'histoire de ces hommes commence par un engagement dans la Marine Nationale. Ils se portent immédiatement volontaires pour les sous-marins.

Régis Bojanawicz venait de Languidic dans le Morbihan. En 1970, à l'âge de vingt ans, il embarque à bord de la *Junon*. A partir de ce moment-là, il aura toujours une cathédrale à portée de son regard et dans les oreilles, les bruits familiers des diesels, des panneaux, tous ces bruits qui font qu'un sous-marin vit.

Quand il est débarqué il « passe » à la DCN pour y

Pour son dernier jour de travail, Régis Bojanawicz a embarqué à bord de la Junon pour contrôler le comportement du sous-marin pendant les essais.

travailler encore sur les sous-marins.

Dans toute sa carrière Régis Bojanawicz n'a connu qu'une seule génération de sous-marins. Il a passé vingt-six ans avec les *Daphné*. A quarante-six ans, il est Maître Principal, instructeur au simulateur « sécurité plongée » type *Daphné*.

Le 3 juin 1996, la *Junon* prend la mer pour une série d'essais à la sortie d'une indisponibilité pour entretien. Il est désigné pour être le technicien de la DCN chargé de contrôler si tout se passe bien à bord. En embarquant, les yeux humides, il contemple la fine silhouette du bateau.

Ce 3 juin 1996 c'est aussi sa dernière journée de travail. Le soir il part définitivement. Tout l'équipage sait que le 4 au matin il restera chez lui. En retraite.

Alors, à bord, toute la journée, l'équipage est aux petits soins pour lui, autant qu'il l'est pour le bateau. Il inspire de larges bouffées d'air pour bien imprégner ses narines des odeurs caractéristiques qui règnent à l'intérieur du sous-marin. Comme le terrien qui s'exile et emporte dans sa main une poignée de sa terre.

Pour renter dans la rade de Toulon, la *Junon* doit refaire surface. A l'immersion périscopique, le pacha donne les ordres. Geste symbolique, Régis Bojanawicz est prié de « chasser ». Il écoute, la larme à l'œil les ordres qui se succèdent et se tient prêt. « *Paré à faire surface !* ». « *Paré !* ». « *Chassez partout !* ». Alors il actionne le sectionnement de chasse qui envoie l'air comprimé dans les ballasts et chasse l'eau. En quelques secondes le bateau fend la surface de l'eau.

Vingt-six ans auparavant Régis Bojanawicz avait effectué sa première plongée avec la *Junon*. C'est à son bord également qu'il a plongé pour la dernière fois.

Crédit photographique

ECPA (Paris),

Bundesarchiv (Coblence),

DCN Lorient,

Mairie de Lorient.

Collections particulières de :

Horst von Schroeter,

Reinhard Hardegen,

Jean-Pierre Nourry,

Jean-Philippe Blieck,

François Stosskopf.

Notes

(1) « Mon Armée est prussienne, ma Marine est impériale et mon Aviation est National-Socialiste ».

(2) BDU, commandant des sous-marins.

(3) Grofaz. Contraction de l'expression « le plus grand capitaine de tous les temps ». Dite avec ironie par bon nombre d'Allemands à propos de Hitler. Mais seulement à partir de 1945.

(4) Paukenschlag : littéralement « coup de grosse caisse » et au figuré « coup d'éclat ». Ce fut souvent traduit par « coup de cymbales » tant en anglais qu'en français même si dans l'ouvrage de Karl Dönitz, la traduction s'en tient à « coup de grosse caisse ». Deux anciens commandants du U 123, Hardegen et von Schroeter joignant le geste à la parole, miment le coup de cymbales.

Table des matières

Préface..	7
Avant-propos...	9
U 30, le premier « loup gris »...............................	11
La tanière de Kéroman...	29
La noria des U Boote...	41
Le Stalingrad des U Boote	67
La France prend possession de Kéroman	89
La sous-marinade à son village...............................	99
La « Junon », dernier acte.....................................	127
Reinhard Hardegen : « Aux postes de combat »	131
Horst von Schroeter : « Mourir avec mon équipage ».....	135
Jacques Stosskopf : « Surtout ne jamais parler »	139
Jean-Pierre Nourry : « On était les rois »	145
Jean-Philippe Blieck : « Mon premier embarquement » .	147
Jean-Jacques Le Faouder : « Un même langage »............	151
Régis Bojanawicz : « Vingt-six ans avec les Daphné »	155

Achevé d'imprimer

sur les presses

de Calligraphy Print à Rennes

Dépôt légal :

4ᵉ trimestre 1997

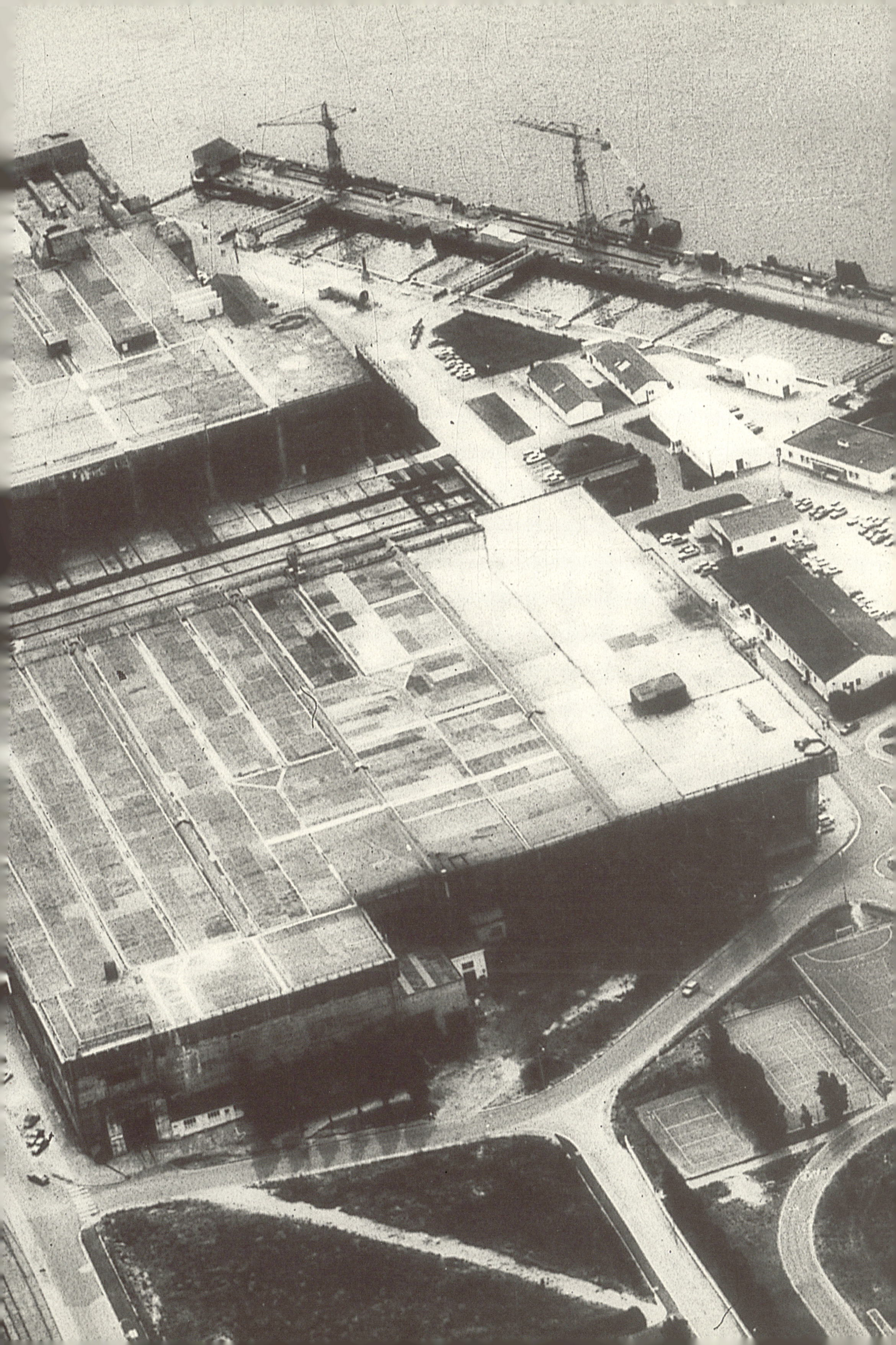